Abraham Berliner

Censur und Konfiskation hebräischer Bücher im Kirchenstaate

Auf Grund der Inquisitions-Akten in der Vaticana und Vallicellana

Abraham Berliner

Censur und Konfiskation hebräischer Bücher im Kirchenstaate
Auf Grund der Inquisitions-Akten in der Vaticana und Vallicellana

ISBN/EAN: 9783743388857

Hergestellt in Europa, USA, Kanada, Australien, Japan

Cover: Foto ©Lupo / pixelio.de

Manufactured and distributed by brebook publishing software (www.brebook.com)

Abraham Berliner

Censur und Konfiskation hebräischer Bücher im Kirchenstaate

Censur und Confiscation

hebräischer Bücher

im Kirchenstaate.

Auf Grund

der Inquisitions-Akten in der Vaticana und Vallicellana

dargestellt

von

Dr. A. Berliner.

Beilage zum Jahresbericht des Rabbiner-Seminars zu Berlin pro 1889-90.

BERLIN.
Druck von H. Itzkowski, Gr. Hamburgerstr. 18-19.
1891.

Vorbemerkung.

Das geschichtliche Material, welches in dieser Abhandlung von S. 10 an zur Bearbeitung gelangt, beruht auf dem Quellen-Studium, welches ich den Inquisitions-Akten, die sich in der Vaticanischen Bibliothek unter No. 8111*) befinden, widmen konnte.

Dieselben bestehen aus folgenden Piecen:

A. S. 2—15 Bittschrift der jüdischen Gemeinde in Rom im Namen sämmtlicher Juden des Kirchenstaates um Rückgabe der ihnen am 28. Mai 1731 weggenommenen Bücher, gerichtet an Monsignor Assemani, Rath des h. Officiums.

B. S. 15—20 Instruction für die Beurteilung und die Expurgation rabbinischer Bücher, von Antonio Costanzi entworfen, und unterm 16. Juni 1758 von Giuseppe Assemani bestätigt.

C. S. 20—25. Kurzer Bericht über die Angelegenheit in Betreff der hebräischen und rabbinischen Bücher, welche den Juden im päpstlichen Staate i. J. 1753 weggenommen worden sind[1]).

D. S. 25—29. Auszug aus einem Berichte des Antonio Costanzi über die Einteilung sämmtlicher Bücher in drei Klassen und die Correctur derselben [2]).

E. S. 29—50. Bericht über die Wegnahme der hebräischen Bücher im Ghetto zu Rom wie im ganzen Kirchstaate, nebst Anweisung, die erlaubten Schriften zu corrigieren und die verbotenen zurückzubehalten, nebst Antworten und Gutachten des Revisors Antonio Costanzi.

F. S. 50—150. Historischer Bericht über die Wegnahme der den Juden verbotenen Bücher, in Rom im April 1753 begonnen und bis im Jahre 1754 im ganzen Kirchenstaat fortgesetzt. Hierbei wird die Geschichte dieser Confiscationen nach den einzelnen Städten, in denen sie in's Werk gesetzt wurden, dargestellt, wie auch ein Verzeichniss der weggenommenen Bücher mitgetheilt wird.

---

*) Bei Forcella: Catalogo dei Manoscritti Vol. I No. 572 verzeichnet.
[1]) S. 24 enthält noch eine Notiz über den Process eines Felice Coen.
[2]) S. 28 enthält eine kurze Notiz über die Supplik der Juden Polens; vgl. meine Schrift: Gutachten Ganganelli's (Berlin 1888).

Von diesen Akten habe ich eine genaue Abschrift genommen, die ich in ihrer (italienischen) Originalsprache anderweitig zu veröffentlichen gedenke. Was ich in der vorliegenden Abhandlung, zum Teil übersetzt zum Teil verarbeitet biete, scheint mir ein zweifaches Interesse zu gewähren. Das eine Mal: es wird ein historisches Material zu Tage gefördert, welches bisher unbekannt geblieben war. Das andere Mal: es tritt der Wandel der Zeiten nicht eclatanter hervor, als darin, dass diese Blätter, welche mit den Massregeln angefüllt sind, die in jener Zeit „zur Sicherheit und für die Reinheit der Religion"[1]) ergriffen wurden, heut' zu Tage von jedem Vernünftigen als eine Schmach, als die schwärzesten Blätter im Buche der Menschheit betrachtet werden.

Möchte dieser Wandel auch auf anderen Gebieten geistiger Verirrung sich bald vollführen!

---

[1]) „Per la sicurezza e la purità della cattolica religione" (S. 15 der Piece B.).

I.

In Rom beginnt die specielle Gesetzgebung gegen die Verbreitung ketzerischer und verdächtiger Bücher mit dem Jahre 1542. Es war vor allen Giovanni Pietro Caraffa, der schon lange vorher, ehe er als Paul IV. den päpstlichen Stuhl bestieg (1555), dazu beitrug, dass von Rom aus den religiösen Neuerungen mit grösserer Energie und Consequenz als in den ersten Decennien des Jahrhunderts entgegengewirkt wurde[1]).

Auch die mildere Anschauung für den Talmud, welche in der ersten Hälfte des 16. Jahrhunderts in Rom herrschte, konnte sich nicht mehr in Geltung erhalten. Julius III., der in der Bulle vom 29. April 1550 alle bis dahin ertheilten Ermächtigungen zum Behalten und Lesen verbotener Bücher zurücknahm[2]), war der erste Papst, der, nach dem Beispiele früherer Päpste (1239—1320), wieder die Verbrennung des Talmud anordnete. In Folge dessen liess das heilige Officium, wie sich das höchste Tribunal der Inquisition nennen liess, alle talmudischen Bücher in den Häusern Roms confisciren und am 9. September 1553 — es war gerade am jüdischen Neujahrstage — auf dem Campo di Fiore verbrennen[3]), da, wo 47 Jahre später für Giordano Bruno der Scheiterhaufen angezündet wurde.

Bald darauf, am 12. September, erfolgte das Edict, in welchem alle Fürsten, Bischöfe und Inquisitoren die Weisung erhielten, den Talmud von Jerusalem und von Babylon zu confisciren und zu verbrennen, den Juden bei Strafe der Güter-Einziehung befohlen wurde, die talmudischen Bücher abzuliefern, und den Christen unter Androhung der Excommunicatio latae sententiae verboten wurde, sie zu lesen oder zu behalten, oder die Juden bei dem Abschreiben oder Drucken derselben mit Rath und That zu unterstützen[4]).

Wie sehr auch die Juden um Zurücknahme oder Abänderung dieses Edicts flehten, sie konnten nichts weiter als jene Bulle vom 29. Mai 1554 erreichen, in welcher verordnet wurde: da auch in anderen Büchern der Juden

---

[1]) Vgl. hierüber, wie über das Folgende: Reusch, der Index der verbotenen Bücher (Bonn 1883) I S. 169; auch dort S. 47.

[2]) Nic. Eymerici Directorium Inquisitorum, App. S. 115.

[3]) Die jüdischen Quellen hierüber hat Grätz in der Geschichte, Band IX S. 346 näher nachgewiesen; vgl. ferner Perles: Beiträge zur Geschichte etc. (München 1884 S. 221.

[4]) Eym. App. S. 119. Albitius: De inconstantia (Amsterdam 1683) S. 295.

Schmähungen gegen die christliche Religion enthalten sind, so sollen alle jüdischen Gemeinden unter Androhung von Strafen, eventuell der Todesstrafe, aufgefordert werden, solche Bücher binnen vier Monate abzuliefern; wegen anderer Bücher sollten sie unbehelligt bleiben[1].

Scheinbar war hierin eine kleine Milderung ausgedrückt; aber nur scheinbar. Denn hatte man früher nur auf den Talmud gefahndet, so war jetzt die Gelegenheit geboten, alle Bücher, welche im Besitze der Juden angetroffen wurden, in allen Fällen zu confiscieren, unter dem Vorgeben, die Bücher zuvörderst zu untersuchen, ob sie zu der Klasse ketzerischer oder verdächtiger Bücher gehörten oder nicht.

Von einer solchen verhängnissvollen Bücherconfiscation am 1. Mai 1557, bei der alle Bücher und Machsorim (Festgebete) in den Synagogen Rom's weggenommen wurden, berichten die Annalen der Gemeinde, welche für die Jahre 1536—1627 im Archivio di stato romano, gegenwärtig in einer Abtheilung des Archivio Urbino am Capitol, aufbewahrt sind. Ein recht trauriges Nachspiel, welches diese Bücherwegnahme noch im Gefolge hatte, trieb die Unglücklichen fast zur Verzweiflung. Vier oder fünf Tage nach jenem Ueberfalle nämlich hatte Messer Andrea di Monte in der Synagoge der Aschkenasim noch ein Buch, es war der Commentar des Abraham ibn Esra, entdeckt. Dasselbe gehörte eigentlich gar nicht dahin, es war vielmehr aus der Synagoga nova mit verschiedenen anderen Büchern vom Vorsteher derselben nach der Synagoge der Deutschen heimlich gebracht worden.

Der erwähnte Andreas di Monte war ein Apostat,[2] der früher Joseph Zarphati hiess, mit dem Beinamen Alfasi. Er war unter Julius III. 1552 zum Christenthum übergetreten und suchte dann für seinen neuen Glauben durch Verfolgung seiner früheren Brüder zu eifern. Er verfasste mehrere Bücher, welche zur Bekehrung der Juden führen sollten, wie er auch Gregor XIII. zur Verschärfung des Gebotes, welches die Juden zwang, am Sonnabend die Bekehrungspredigten in der Kirche zu hören, veranlasste.[3] Vielleicht ist er mit einem Bankier Joseph Zarphati, der 1536 mit verschiedenen anderen Bankiers in Rom erwähnt wird, identisch. Den Beinamen Zarphati führte er als Mitglied der französischen Synagoge, welche vereinigt mit der castilianischen war, während der Beiname Alfasi auf seine orientalische Heimath hinweist. Wahrscheinlich gehörte er zu den i. J. 1512 eingewanderten Flüchtlingen aus den Berberstaaten und ist vielleicht derselbe Joseph Zarphati, der bei David Reubeni erwähnt wird.[4]

In Folge jener Denunciation des Apostaten wurden Mehrere in's

---

[1] Bullarium Rom. I, 818.
[2] S. Bartolocci: Biblioteca rabbinica III p. 818.
[3] Natali: Il Ghetto di Roma S. 226.
[4] S. Perles: Beiträge S. 201.

Gefängniss geworfen und die Synagoge wurde geschlossen. Die von dem Vicar geführte Untersuchung endete am 20. Juli mit dem Urteil, dass 1000 Scudi, in 3 Raten zahlbar, als Strafe zu erlegen seien. Die Bürgschaft für die pünktliche Zahlung übernahm Elia Corcos, dem gegenüber wiederum mehrere Mitglieder der Verwaltung sich verpflichteten[1]).

Neun Monate blieb die Synagoge der Aschkenasim geschlossen; ihre Vorsteher, an der Spitze derselben Samuel Zadik, forderten eine Entschädigung, die sie bei der Zahlung des Miethsrückstandes von $19^{1}/_{2}$ Scudi an die Verwaltung der Synagoge nova in Anrechnung bringen wollten, da durch das Verschulden der letzteren jene Bücher in die Synagoge der Deutschen gekommen waren.

Dieser Streit wurde erst durch einen am 29. Januar 1558 von Baruch b. Joab und Elia Corcos getroffenen und vom Gemeinde-Notar Jehuda b. Schabtai unterzeichneten Vergleich beendet. Nach diesem war die deutsche Gemeinde u. A. nicht berechtigt, eine Entschädigung zu fordern, nachdem Schabtai di Cameo und Leon, der Beglaubigte der Gemeinde, eidlich bekundet hatten, dass die von Andreas di Monte zur Anzeige gebrachten Bücher, welche in der Synagoge nova aufgefunden wurden, allerdings aus der Synagoge der Deutschen stammten, aber nicht derselben, sondern Privaten angehört haben.

Immerhin muss die ganze Angelegenheit auf den Verfall der Gemeinde der Aschkenasim hingewirkt haben. Denn diese verschwindet bald darauf ganz aus den Annalen; nur der Begleitname „Aschkenasi", den ein jedes Mitglied derselben bei der Unterschrift trug,[2]) erinnert noch hin und wieder an ihre einstige Existenz.

Auch die Gesammtgemeinde Rom hatte schwer unter dieser Bücherverfolgung zu leiden. Ihre Abgeordneten Jehuda b. Schabtai und Elia b. Salomo Corcos hatten bereits an der Feststellung der in der Conferenz zu Ferrara am 21. Juni 1554 gefassten Beschlüsse teilgenommen, welche u. A. auch die Bestimmung enthielt, dass fortan kein neues Buch ohne die Approbation Seitens dreier ordinirten Rabbiner und eines Gemeinde-Vorstehers gedruckt werden dürfe[3]).

Aber noch in anderer Weise suchte die Gemeinde zu einer allgemeinen

---

[1]) Ihre Namen sind: Salomo Romm. Jehuda di Taglicozzo. Isac Guessi. Joseph di Arignano. Mazliach di Zephirano. David Romm. Sabbatai di Cameo. Jesaja di Arignano. Sabbata b. Joab. Mose Abdon. Matitja b. Michael. Josua Corcos. Jehuda di Murcia. Baruch Anau. Chajim Anau. Mose b. Isac.

[2]) Daher auch Elia Bachur diesen Begleitnamen führt, ebenso לוי יהודה לוי בר אליה אשכנזי, wahrscheinlich sein Sohn, in einer Unterschrift vom 18. Juni 1557.

[3]) Die betreffenden Beschlüsse (תקנות חכמים) sind, begleitet von Noten Levi's und Halberstam's 1879 in Brody als Separatabzug aus der Zeitschrift „Ibri Anochi" erschienen. — So wollten auch die italienischen Rabbinen i. J. 1558 den Druck des Sohar nicht erlauben, aus Furcht vor der Inquisition; vgl. Responsen des Isac diLatas S. 124.

Teilnahme in dieser Zeit der Gefahr anzuregen. Bestand ja diese in Rom nicht allein, waren ja auch in anderen jüdischen Gemeinden Italiens diese Bücherverfolgungen in Scene gesetzt worden¹)! Man wollte deshalb eine grosse Summe beschaffen, wahrscheinlich um an geeignetem Orte für die Aufhebung jener Verfolgungen agitieren zu können. Es wurde daher am 4. Juni 1558 in der Consulta der jüdischen Gemeinde in Rom der Beschluss gefasst, den (oben erwähnten) Beglaubigten Leon zu den Gemeinden jenseits der Marken zu senden, um innerhalb derselben eine Geldsammlung zu veranstalten. Ihm zur Seite wurde noch ein Begleiter gegeben, der einen Scudi täglich erhalten sollte.

Die geplante Agitation scheint keinen Erfolg erzielt zu haben; denn 1559 kam durch Paul IV. der „Talmud der Juden sammt allen Glossen, Anmerkungen, Interpretationen und Auslegungen desselben auf den Index²) und Ghislieri, Cardinal u. General-Inquisitor (später Pius V.) ordnete nochmals die Verbrennung der talmudischen Bücher an. Sixtus von Siena, der zur Ausführung eines solchen Autodafé nach Cremona gesandt wurde, rühmt sich, dort 12000 Bücher verbrannt zu haben.³)

Paul's Nachfolger, Pius IV. fügte dem Verbote seines Vorgängers die Worte hinzu: „wenn dieselben ohne den Namen Talmud und ohne Injurien und Schmähungen gegen die christliche Religion erscheinen, werden sie geduldet werden".⁴)

Unter Gregor XIII. (1572) beschäftigte man sich mit der Expurgation jüdischer Bücher und der Canonicus Marcus Marinus aus Brescia wurde nach Rom berufen, um dem Cardinal Sanctorius, einem Mitgliede der Inquisition, dabei zu helfen.⁵) Marinus hatte bereits den Talmud expurgiert, der nach seinen Angaben bei Ambrosius Froben in Basel 1578—80 gedruckt wurde⁶). Marinus wird in seinem Lexicon גן ירפה auch von Leon di Modena und Samuel Archevolti in hebräischen Versen besungen. Da die Dedication dieses Werkes an den Fürsten Buoncompagno von Rom 1581 datirt ist, so wissen wir, um welche Zeit Marinus in Rom gearbeitet hat.

---

¹) Vgl. Näheres bei Reusch a. a. O. S. 47.

²) Es war der erste Index überhaupt.

³) Reusch a. a. O. S. 48.

⁴) Vgl. Grätz, Geschichte IX. S. 377 (2. Auflage) und die Berichtigungen der dortigen Angaben bei Reusch S. 49.

⁵) Ueber die Expurgation des Talmud durch Marini (und andere Expurgationen jüdischer Bücher) vgl. Schoettgen: Horae hebr. II 824—882.

⁶) Aug. Pfeiffer in seiner Dissert. de Talmude S. 8 sagt, dass diese Censur durch M. und Petrus Cevallerius geübt worden sei. (Dieser war nach Perles. Beiträge S. 23 Professor der hebräischen Sprache in Genf). Indessen auf den Titelblättern wird nur M. Marinus genannt; vor den kleinen Tractaten (שער בהלי) fehlt auch Marinus und die Angabe der Censur überhaupt.

Lebrecht, kritische Lese S. 43 Note 2 hält Cevallerius als Hülfsarbeiter oder Stellvertreter des Marinus. „Dass wenigstens zwei Hände an der Censur gearbeitet haben, zeigt die Inconsequenz des Verfahrens.

Sixtus V., dessen Index erst bei seinem am 27. August 1590 erfolgten Tode fertig gestellt wurde und daher gar nicht zur Geltung gekommen war, hatte bereits früher, ausserhalb dieses Index, besondere Privilegien bewilligt, worunter die Zulassung der hebräischen Bücher nach vorangegangener Censur, Expurgation und Aenderung des Titels. In Folge dessen wurden neue Summen von den jüdischen Gemeinden i. J. 1584 geopfert, um die Erlaubniss für eine neue Ausgabe des Talmud zu erwirken. Bei dieser Gelegenheit war von der Nothwendigkeit einer Uebersetzung des Talmud die Rede. Allein Sixtus V. befahl dem Cardinal della Rovera „auf Ansuchen des Benedetto da Segni, und weil er es so für angemessen erachtete, dass die Expurgation durch solche Mitglieder der Congregation geschehe, welche die hebräische Sprache verstehen, und diese im Falle einer Schwierigkeit der Congregation darüber Bericht erstatten sollten, ohne eine Uebersetzung zu machen, weil es sonst eine endlose und überflüssige Arbeit gäbe".[1]

Um jedoch das, für diese Massregeln (pratiche) stets von Neuem nöthige Geld herbeizuschaffen, bediente sich die jüdische Gemeinde-Verwaltung in Rom, indem es die jüdischen Gemeinden Italiens zu neuen grossmüthigen Beiträgen aufforderte, des folgenden sublimen und charakteristischen Arguments: „Wenn ihr so viel gethan, um die angedrohte Austreibung zu hintertreiben, um wie viel mehr solltet ihr thun für die Erhaltung der heiligen Bücher, welche das Leben der Seele sind: (כי היא חיך ואורך ימיך!)[2]

Die beiden für die Censur des Talmuds in Rom gebildeten Commissionen bestanden jede aus vier Christen, nach den Normen des vom Cardinal Colonna am 1. Juni 1590 bestätigten Decrets; zur ersteren gehörte ein abgefallener Jude, zur zweiten zwei, gemäss dem Beschlusse der Versammlung der Cardinäle vom 7. August desselben Jahres. So sollte die Expurgation mit Hülfe getaufter Juden besorgt werden.

Allein nach dem Tode des Papstes wurde der Plan aufgegeben, und schon am 13. April 1591 schrieb die Inquisition an den Nuntius zu Turin, der unter Sixtus V. gemachte Versuch habe gezeigt, dass eine Expurgation des Talmud unmöglich sei[3]. Demselben Nuntius schrieb die Inquisition 1592, nach dem Wunsche des Papstes (Clemens VIII.) sollten die Juden keine anderen Bücher behalten als die Bibel; man sollte sie aber auch wegen grammatischer Bücher nicht belästigen[4].

Es erschien dann die Bulle vom 28. Februar 1592,[5] beginnend: „Cum Hebraeorum malitia," mit welcher auch in dem bisherigen Verfahren

---

[1] Nach Mortara's Mittheilungen in der hebr. Bibliographie von Steinschneider, Jahrg. V S. 75.
[2] Mortara a. a. O.
[3] Albit. p. 295.
[4] Albit p. 296, 298.
[5] Bull. III, 27.

bei der Behandlung des jüdischen Schriftthums eine ganz andere Wendung eintrat. Clemens VIII. verbot in jener Bulle „die talmudischen, cabbalistischen und andere von seinen Vorgängern verdammten gottlosen Bücher, ferner alle in hebräischer oder in einer anderen Sprache geschriebenen oder gedruckten oder zu schreibenden oder zu druckenden Schriften, welche Häresien oder Irrthümer gegen das alte Testament, Schmähungen gegen die christliche Lehre, gegen kirchliche Gebräuche, gegen Geistliche oder Neophyten oder schmutzige Erzählungen enthalten. Alle diese Bücher, fügte er bei, dürften die Juden auch nicht unter dem Vorwande behalten, lesen, verkaufen oder verbreiten, dass dieselben expurgiert seien (auch nicht vorläufig behalten, bis sie expurgiert werden würden), auch nicht unter dem Vorwande, dass sie mit verändertem Titel oder mit Erlaubniss oder mit Vorwissen des Sekretärs oder irgend eines Mitgliedes des Trienter Concils oder auf Grund der Bestimmung des Index Pius IV. oder eines Indultes oder einer Erlaubniss von Cardinälen, Legaten, Nuncien, Bischöfen oder Inquisitoren neu gedruckt seien".

Ein Auszug aus dieser Bulle wurde[1]) 1596 in dem Index Clemens VIII. hinter den Regeln abgedruckt. Damit war die Milderung in dem Index Pius IV. aufgehoben; diese wurde denn auch in späteren Ausgaben des Index weggelassen. Seit Benedicts XIV. Index (1758) steht das Verbot des Talmud überhaupt nicht mehr in dem Alphabete des Index, wo es ja auch, da es hinter den Regeln steht, nicht mehr nöthig ist.[2])

Die unglücklichen Juden riefen die Gnade des Papstes an, dass er ihnen erlauben möge, die minder verdächtigen Bücher, nachdem diese gehörig expurgiert seien, behalten zu dürfen. Clemens VIII. erhörte das Flehen der Juden und erliess ein Breve, in welchem er die Härte der ersten Bulle minderte, indem er erklärte, dass man Nachsicht übe, ausser der Bibel auch rabbinische Bücher, wenn sie nichts Anstössiges enthielten, oder davon gesäubert seien, zu dulden.

In der Piece B. S. 16 wird bei der Erwähnung dieses milderen Breves bemerkt, dass sich zwar dasselbe in keiner der gedruckten Bullen-Sammlungen befinde, an seiner Existenz aber nicht im Geringsten zu zweifeln sei. Wird ja dasselbe in einem Briefe, den zur Zeit Urban's VIII. der Cardinal zu Cremona, welcher Secretär des h. Officiums war, an den Cardinal Pallotta

---

[1]) Reusch a. a. O. S. 50.

[2]) Noch bei meinem ersten Besuche in Rom (1873) habe ich in der nach mehreren tausend Bänden zählenden Bibliothek des Talmud Thora-Instituts keinen einzigen Talmud-Tractat der früheren Ausgaben gefunden. Nur ein Exemplar der neueren (Wiener) Ausgabe, welches kurze Zeit vorher angeschafft war, bekundete, dass eine andere Zeit erschienen war.

Dagegen habe ich in der Vaticana sowol als auch in der Casanata die herrlichsten Exemplare beider Talmude ed. Venedig gesehen.

gerichtet hat, ausdrücklich erwähnt, wie Cardinal Albizzi im seinem berühmten Werke: De inconstantia in fide cap. 30 No. 310 hiervon ausführlich handelt.

Aber seit dem Erscheinen dieser Bulle lehnte es die Inquisition grundsätzlich ab, die Expurgation irgend welcher jüdischer Bücher vorzunehmen oder Expurgatoren zu bestellen oder eine von den Juden selbst vorgenommene Expurgation ausdrücklich zu approbieren. Inquisitoren, welche eine expurgierte Ausgabe genehmigten oder von einem expurgierten Exemplare eines Buches bescheinigten, dass sie es geprüft und zulässig befunden, erhielten Verweise. Man überliess es den Juden, ihre Bücher von allem Anstössigen zu säubern, und behielt sich vor, nach Belieben jedes Buch zu untersuchen und wenn es nicht hinlänglich gesäubert schien, den Besitzer zu strafen. Fand man nichts Anstössiges in dem Buche, so wurde es zurückgegeben, aber mit der ausdrücklichen Erklärung, dass diese Zurückgabe nicht die Bedeutung einer Approbation habe und eine nochmalige Untersuchung und eine Bestrafung, falls sich bei dieser Anstössiges finde, nicht ausschliesse [1]).

Bald trat aber die Blüthezeit der Censoren oder Expurgatoren ein. Zwar bemerkt man schon seit 1571 die Unterschrift des Censors am Schlusse von hebräischen Schriften; doch erst in der Conferenz der Index-Congregation, welche am 7. August 1590 vor dem Cardinal della Rovere abgehalten wurde, ist unter Zustimmung mehrerer jüdischer Deputirten eine allgemeine Instruction für eine gleichmässige Expurgation festgestellt worden. Die Regeln derselben bildeten die Grundlage für ein Spezialwerk, zu dessen Abfassung wahrscheinlich die strengen Verordnungen Clemens VIII. vom 28. Februar 1592 geführt haben. Dieses Werk, unter dem Titel ספר הזקוק oder Canon (auch Liber) expurgationis [2]), wurde spätestens am 8. August 1596 in Mantua beendet.

Als der erste Verfasser dieses Werkes wird allgemein ein Neophyt, der dem Capuciner-Orden angehörte, bezeichnet, dessen Namen nicht bekannt geworden ist. Hat er seine Sammlung i. J. 1594 geschlossen, wie dies in der Denkschrift der jüdischen Gemeinde zu Rom angegeben wird, so bezieht sich das Datum im Anfang des Werkes זה הוא ספר הזקוק שעשיתי במטובה והשלמתי בא׳ להדיש אניסטו שנת אלף תקצו בשם ה׳ auf Domenico Jeruschalmi, von dem das ursprüngliche Werk in zweiter vermehrter Gestalt herrührt.

Das Werk enthält ein Verzeichniss von hebräischen Werken, aus welchen die anstössigen Stellen mitgetheilt werden, welche entweder ganz zu tilgen oder für die andere Ausdrücke zu setzen seien.

---

[1]) Albitius: De inconstantia p. 296, 298.
[2]) Daher auch Domenico Jeruschalmi, der meistens hebräisch seinen Vermerk giebt, הזקוק schreibt. Wir kommen weiter unten auf dieses Buch näher zurück.

Die Juden waren recht zufrieden damit; war doch jetzt ein Mittel geschaffen, durch das ihre religiösen Schriften, wenn auch oft barbarisch verstümmelt, vor gänzlicher Zerstörung und dem Scheiterhaufen sichergestellt waren. Es lag die Censur der Bücher in den Händen bestellter Censoren, von denen erwähnt werden: Pietro da Trevi, Joseph Ciantes, Domenico Martines, Boncompagno, Marcellino, Camillo Jaghel der Neophyt.[1]) Doch so ohne Weiteres sollten sich die vielfach geplagten Juden dieser Errungenschaft nicht freuen dürfen! Jetzt begannen erst recht die traurigen Massregelungen, welche die häufigen Ueberfälle mit sich führten, bei denen nach verbotenen oder nicht expurgierten Schriften die Häuser der Juden durchsucht wurden. Da wurde Alles weggenommen, um es nachher einer genauen Revision zu unterwerfen, worüber oft viele Jahre hinweggingen, bevor die Entscheidung erfolgte. Hierfür waren auch in den folgenden Zeiten nicht mehr die Normen des דיקדוק 'ס massgebend; sondern die Expurgatoren schalteten nach freiem Ermessen und Belieben.

Es war bereits zur Praxis geworden, dass das höchste Tribunal der Inquisition nach dem Verlaufe von 10—15 Jahren immer von Neuem eine Durchsuchung des Ghetto und der Synagogen vornehmen liess, um alle Bücher, die sich hierbei vorfanden, zu confiscieren, und sie zu prüfen, welche von denselben verboten und welche zwar zu gestatten seien, aber doch corrigiert werden müssten, „da die Erfahrung gelehrt hat, dass bei neuen Editionen die früher weissgelassenen Stellen wieder hergestellt worden waren".

Eine solche Durchsuchung wurde im April des Jahres 1753 angeordnet, nachdem bereits in den vorangegangenen Jahren 1731, 1738 u. 1748 die jüdischen Gemeinden des Kirchenstaats ihrer Bücher wegen hart bedrängt worden waren. Bei Nachtzeit, nachdem die Thore des Ghetto geschlossen waren, traten plötzlich mehrere Notare und Substituten derselben, begleitet von bewaffneten Sbirren, in diejenigen Häuser, welche bereits früher als verdächtig bezeichnet worden waren. Mitgebracht wurden grosse Säcke, zum Einpacken der erwarteten Bücher, spanisches Wachs zum Versiegeln derselben, was in Gegenwart zweier christlicher Zeugen geschah, Wagen und Karren zum Wegschaffen der erbeuteten Contrebande, die alsbald nach einem bestimmten Orte gebracht wurde, wo ein Beamter des Tribunals bereit stand, sie in Empfang zu nehmen. Jeder mit Bücher angefüllte Sack trug einen daran befestigten Zettel, auf welchem der Name des Besitzers, bei dem die betreffenden Bücher confisciert worden waren, angegeben war. Damit bei der Revision derselben keine Confusion entstehe, wurde die von den beiden Zeugen

---

[1]) Diese werden S. 13 der Piece A erwähnt; noch andere Censoren sind in der Hebr. Bibliographie, Jahrg. V S. 125 verzeichnet.

auf dem beigegebenen Zettel näher bezeichnete Ordnung und Reihenfolge streng inne gehalten. So wurden in jener Nacht 38 Karren mit Büchern aus dem Ghetto spediert; so wie ein Karren gefüllt war, wurde dieser jedes Mal unter einer Begleitung von 1 oder 2 Transporteuren nach dem zur Aufnahme bestimmten Hause expediert.

Nun begann das Geschrei der Juden, denen die synagogalen Bücher, die Psalmen und Gebetbücher genommen waren. Daher, um sie zu beruhigen, war die erste Obliegenheit des Revisors die, aus den Büchern eines jeden Besitzers nach der Ordnung des angehängten Zettels diejenigen Bücher auszusondern, welche für den täglichen Gebrauch beim Gebet bestimmt waren, sie zu revidieren, ob Etwas darin enthalten sei, was nicht zu gestatten wäre und dann jedem nach der Ordnung im Verzeichnisse mit dem Vermerk der Quittung zurückzugeben. Die andern Bücher wurden dann zurückgehalten, um sie später mit grosser Genauigkeit zu prüfen.

Nicht gering war die Anzahl der aufgefundenen Bücher, von denen man diejenigen nur zurückstellte, welche entweder unter irgend einen Verdacht nicht fallen, als da sind die heiligen Schriften, oder die zum täglichen Gebrauche bestimmt waren. Anfangs glaubte man noch alle diejenigen Bücher zurückgeben zu dürfen, welche die Unterschrift irgend eines vorangegangenen Revisors tragen. Als aber zur Kenntniss kam, dass ein grosser Teil derselben, entweder nur zum Teil corrigiert oder die Correctur davon entfernt worden war, indem durch „die Ruchlosigkeit der Juden" mit der Feder wieder geschrieben war, wo es ausgestrichen war, wurde es nöthig, von Neuem zu corrigieren, worauf sich dann der Revisor im Ganzen unterschrieb.

Sobald man mit der Revision begann, wurde die bereits festgestellte Regel in der Methode, darin drei Classen zu bilden, befolgt. Weil aber die Untersuchung dieser Bücher im Ghetto nicht so allgemein sein konnte, dass nicht einige den Augen entgingen, wurden die Juden darauf verpflichtet, dass sie selbst die Bücher hintragen und der Correctur unterwerfen sollten. Wenn von einem Buche viele Exemplare vorhanden sind, seien die Juden selbst beauftragt, sie zu corrigieren, und zwar nach einem vom Revisor verbesserten Exemplare. Bei der Rückgabe der Bücher der 2. Classe an ihre Besitzer mussten dieselben immer eine Quittung ausstellen; die Bücher der dritten Classe bewahrte man in einem besonderen Zimmer.

Wie sich solche Untersuchungen und Prüfungen viele Jahre hinzogen, ist aus der nachfolgenden Bittschrift der jüdischen Gemeinde zu Rom um Rückgabe der am 28. Mai 1731 ihnen weggenommenen Bücher zu ersehen. Das betreffende Schriftstück[1]) bietet ein ganz besonders wichtiges Material

---

[1]) Dasselbe trägt kein Datum der Abfassung; allein aus einem nach dem Schlusse folgenden neuen Bittgesuch geht hervor, dass die Bücher noch sieben Jahre nach der Wegnahme nicht zurückgegeben waren.

für die Geschichte dieser Bücher-Confiscationen, daher wir dasselbe in getreuer Uebersetzung folgen lassen.

II.

Die Bittschrift lautet:

Hochwürdigste Herren! Die Juden werden mit der Beobachtung ihrer religiösen Gebräuche vom h. apostolischen Stuhle geduldet, als Zeugniss für den christlichen Glauben, obgleich sich der Glaube jener von diesem unterscheidet, wie auch der h. Thomas (II 2,10,11) bemerkt: „Daraus aber, dass die Juden ihre Gebräuche beobachten, in denen einst die Wahrheit des Glaubens vorgebildet war, ist das Gute hervorgegangen, dass wir ein Zeugniss für unseren Glauben von den Feinden haben und gleichsam bildlich uns dargestellt wird, was wir glauben und deshalb dulden wir sie mit ihren Gebräuchen."

Die pünktliche und genaue Beobachtung der jüdischen Riten hängt von der Tradition ab, d. h. von dem mündlich überlieferten Gesetze, was nichts anders ist, als eine eingehende Auseinandersetzung und Erklärung des geschriebenen Gesetzes, das an und für sich so kurz und lakonisch ist, dass ohne die Beleuchtung durch diese unzweifelhafte Erklärung die Deutungen, welche ihm angepasst werden könnten, so zahlreich wären, wie die Ansichten der Erklärer selbst. So hat der h. Augustin in: De civit. Dei c. 14 trefflich gelehrt: „Aber fürwahr jenes Geschlecht, jenes Volk, jene Bürgerschaft, jener Staat, jene Israeliten, denen die Reden Gottes anvertraut sind, haben in keiner Weise die falschen Propheten mit den wahren auf gleiche Linie gestellt, sondern übereinstimmend und in keinem Punkte abweichend, wurde die Wahrheit der heiligen Schriften von ihnen anerkannt und die Urheber (Autoren) wurden festgehalten; sie hatten eigene Philosophen, d. i. Freunde der Weisheit, eigene Weisen, eigene Gottesgelehrte, eigene Propheten, eigene Lehrer der Rechtschaffenheit und Frömmigkeit, und wer nur immer nach ihnen sich gerichtet und gelebt hat, der hat sich nicht nach Menschen, sondern nach Gott, der durch sie gesprochen, gerichtet und gelebt".

Da die Rabbiner und Gelehrten befürchteten, dass die erwähnte Ueberlieferung mit der Zeit geändert oder durch neue Exile in ihrem grössten Theile vergessen werden könnte, da sie sich dessen erinnerten, was damit in der babylonischen Gefangenschaft geschehen war, (Nehemia C. 8 V. 14), so kamen sie überein, eine Sammlung aller Traditionen zu veranstalten, die von Rabbi Jehuda ha Nassi zusammengestellt wurde. Von den Juden Mischnajot genannt, oder das Buch der Ueberlieferungen, wurden sie von den nachfolgenden Rabbinen mit Glossen versehen und von vielen der folgenden Autoren in Form von Rechtsgutachten, Commentaren, und Entscheidungen behandelt, nach welchen unter den Juden das Recht und der gesetzliche Brauch gehandhabt werden.[1]

„Alle Bücher,[2]) die bei den, besonders in Italien wohnenden Juden im Gebrauche sind, können, wie leichtbegreiflich, in vier Klassen unterschieden werden. Zur ersten Klasse gehören die Glossen und Commentare zur heiligen Schrift. Zur zweiten Klasse: Die Compendien des mündlichen Gesetzes, d. h. die Verzeichnisse der Traditionen, die rituellen Fragen, die legalen Entscheidungen und Gutachten. Zur dritten: Die Predigten und Reden, die Sammlungen von Homilien und die moralischen, zur Predigt geeigneten Betrachtungen. Endlich zur vierten: Verschiedene Abhandlungen über wissenschaftliche, philosophische, metaphysische und theologische Gegenstände. Weil man nun annimmt, dass in den erwähnten Büchern Irrthümer und Lästerungen gegen die heilige Schrift, Gott und die Heiligen wie gegen den katholischen Glauben enthalten seien, wurde durch Decrete der h. Congregation und durch verschiedene Festsetzungen der Päpste verboten, die erwähnten Bücher zu halten."

Es ist aber durchaus nöthig, aufrichtig, ohne jedes Vorurtheil oder irgend eine Voreingenommenheit zu untersuchen, ob dies bei den von den Juden im Kirchenstaate gebrauchten Büchern, nach welchen jüngst bei ihnen gesucht und die auf höchsten Befehl Eurer Eminenz weggenommen worden sind, auch wirklich der Fall sei.

Die Commentare zum alten Testamente von Rabbi Salomo, David Kimchi, von jerusalemischen und anderen Gelehrten, wurden vom h. apostolischen Stuhle immer erlaubt und geduldet, dass sie gehalten und gelesen werden durften, auch auf Grund der letzten Constitution des hochseligen Clemens VIII. und seines apostolischen Breve vom 15. April 1593.[3])

Sogar die h. Congregation des Index verordnete, in Folge des ergebensten Bittgesuches der Juden von Ancona, denen auf Grund des neuen Index der verbotenen Bücher die (unter dem Buchstaben C im Anhange zur 2. Klasse) erwähnten Commentare von den dortigen Ordinarien und Inquisitoren weggenommen wurden, unterm 24. August 1596, dass man sie ihnen zurückstelle, wenn sie nur gereinigt und nach der Clementinischen Constitution corrigiert würden. Und dasselbe geschah am 5. Mai 1728 auf gnädigen Befehl Eurer Eminenz abermals zu Gunsten der Juden Ancona's, denen die Bücher weggenommen und dann wieder zurückgestellt worden sind.

---

[1]) Buxtorfi Bibl. Rabb. p. 229 u. 381.
[2]) Bartolocci: Bibl. rabb. III,77.
[3]) Reusch I S. 52: „Commentaria Rabi Salomonis et Chimi (sic!) et Rabini Hierosolymitani et similium super V. T."

Von solchen Commentaren und Erklärungen des alten Testaments, sollte man auch in manchen derselben irgend einen verdächtigen Satz oder eine verdächtige oder nicht vollständig aufgeklärte Deutung finden, dürfte nicht das betreffende Buch als absolut verboten gelten, sondern nur als zeitweilig suspendiert, bis es corrigiert ist, wie ja viele solcher Bücher im Index angeführt sind.

Einige Bücher der zweiten Klasse, die Compendien des mündlichen Gesetzes enthalten und die Traditionen in Register bringen, will man für verdächtig gelten lassen, weil sie aus dem Talmud ausgezogen sind und aus demselben hergeleitet werden, als wenn Alles, was aus dieser Quelle entspringt, absolut zu verdammen wäre. Und dennoch urteilt der so sehr berühmte Galatinus, der unerbittliche Kritiker jenes verbotenen Werkes, im 4. Capitel des Buches: De arcan. Cathol. verit. in folgenden gerechten Worten: „Zuerst bekenne ich, dass dort vieles unsinnig erscheint. Gleichwohl ist nicht Alles, was dort unsinnig erscheint, wirklich unsinnig. Denn die Talmudisten haben viele Geheimnisse unter Bildern und Räthseln überliefert, die nur Denen, die sie nicht verstehen, als Abgeschmacktheiten und Unsinnigkeiten erscheinen, während doch in Wahrheit unzählige Geheimnisse, die sich auf den Messias und die katholische Wahrheit beziehen, darin verborgen liegen. Man darf verschiedene allegorische, metaphorische und räthselhafte Abhandlungen nicht als verbotene Werke beurteilen, weil sie von verschiedenen Sammlern gesammelt und aus dem Talmud entnommen sind, so wie man nicht alle epicuräischen, empedoclischen und pythagoräischen Sätze heidnisch nennen kann, obgleich in ihren Werken viel Heidnisches enthalten ist. Viel weniger aber lässt sich dies von den Büchern behaupten, die von Juden verfasst wurden, die doch wie jede andere verständige Nation Gott als den Vollkommnen, den Höchsten, als unendlich, unkörperlich und nie leidend anerkennen, und Alles, was metaphorisch von älteren und neueren Rabbinern geschrieben wurde, um Gott mit Passibilität und mit den Attributen der Körperlichkeit ausgestattet darzustellen, wurde von ihnen absichtlich so gemacht, um nicht die Geheimnisse der Gottheit und die Mysterien einer rationellen Theologie Allen und Jedem mitzutheilen, (nach dem lobenswerthen Gebrauch und Styl vergangener Jahrhunderte) wie es von Cafarelli, dem Provisor der Gemeinde von Montpellier in der Abhandlung über unerhörte Curiositäten und von Basnage in seiner jüdischen Geschichte, oder Fortsetzung von Josephus libr. 3 c. VI berichtet wird. S. ferner Lightfot in Math. XX p. 405, Renald: Analecta rabbinica (Ultrecht 1702) u. Prof. Robert Seringharius Prof. in summa talmudica. Von tausend Beweisen genügt es, einen anzuführen, nämlich die fleissige und so sehr berühmte Unternehmung des berühmten Rabbi Moses von Egyten, genannt Maimonides, welcher in seinem „Führer der Irrenden" alle Texte der heiligen Schrift vorzüglich erklärt. die vom allmächtigen Gott mit Ausdrücken der Körperlichkeit und Passibilität sprechen, um die Unwissenden und die weniger Verständigen aufzuklären.

Man kann und darf nicht glauben, auch nicht irgendwie argwöhnen, dass die Bücher dieser Klasse Lästerungen und Beschimpfungen Christus' enthalten. Denn wenn im Talmud von Jesus von Nazareth geschrieben wird, so versteht man darunter durchaus nicht den Heiland (salvatore) und kann er damit nicht gemeint sein, da er doch erst 300 Jahre nach dem Schüler Josua's, des Sohnes Perachja's, von dem die Talmudisten sprechen, zur Welt gekommen ist, wie es Galatinus an erwähnter Stelle[1]) ganz klar nachweist. Wenn solche talmudische Bücher, die Glossen, Commentarien und Compendien der Ueberlieferung und des mündlichen Gesetzes enthalten, wirklich voll wären mit Lästerungen wider Christus und die Heiligen, wie hätte der Papst Clemens V. unter Zustimmung des h. Concils ihre Uebersetzung eingeführt, dass man sie öffentlich den Christen vorlesen sollte, wie dort weiter bei Galatinus zu lesen ist.[2]) Viel weniger kann man Dies nach der moralischen Auseinandersetzung des Rabbi Moses Chagis voraussetzen, in seiner Broschüre: „Ele Hamizwoth", d. i. „Dies sind die Vorschriften" wiedergedruckt in Hamburg i. J. 1727 No. 564 p. 193 ff. Der Talmud selbst, in Frankfurt u. Berlin gedruckt, ist laut dem öffentlichen Zeugnisse und Urtheile vieler berühmten christlichen Gelehrten so sehr geläutert und verbessert, dass er Nichts mehr weder gegen die christliche Religion, noch gegen die Fürsten enthält.

Der Verfasser der Aphorismen, genannt „Mischnajoth", welche die Erklärung der Göttlichen Vorschriften der heil. Schrift enthalten, vom Gesetzgeber Moses den Nachfolgenden durch allmälige mündliche Offenbarung und Ueberlieferung gelehrt, existirte zur Zeit Hadrian's des heidnischen römischen Kaisers.

Von den talmudischen Rabbinen, welche die dunkeln Stellen und die gedrängte aphoristische Sprache der genannten Mischnajot erklärten, lebten viele vor Christus und fast alle Anderen, welche später kamen, lebten zur Zeit des heidnischen, römischen Reiches und wohnten in Babylon, dem Lande der Heiden, das voll mit abergläubischem und heidnischem Cultus war, und Alles, was sie mit Verspottung, mit Hohn und Lästerung von den Götzen und deren Bildern, den Tempeln, den Opfern, den Priestern und den Ceremonien schrieben, bezweckte nur, es den Prophezeiungen über die Ausrottung des Götzendienstes nachzuahmen.

---

[1]) „Ad secundum vero dico, concedendum antique esse multa mala atque turpia in Talmud de Jesu Nazareno dici, non tamen de Jesu nostro salvatore, sed de alio quodam referri".

[2]) „Quapropter nonnisi divina providentia factum est, ut Clemens V. P. M. sacrosanto approbante Concilio, instituerat Talmudicos Judaeorum libros per fideles Hebraicam linguam callentes in latinum sermonem traducendos atque Christianis publice legendos esse". — Hierüber wie über d. Folgende Näheres am Schlusse.

Diese Götzen heissen in der heiligen Schrift fremde Götter, neue gegossene Götter, die nicht sehen und nicht hören, Götter, die nicht erlösen, Bildhauerarbeit, stumme Bildnisse, falsche Bilder, lügenhafte Nichtigkeit, Schandwirthschaft und Schmutz. Die alten Tempel und ihre Bildnisse, der Weihrauch und die Opfer, die Priester und deren Gewänder werden oft im alten Testamente mit Schimpf und Spott erwähnt und daher begriffen die alten Rabbinen, die sehr sorgfältige Nachahmer der heiligen Schrift waren, das allgemeine Götzenthum unter dem unbestimmten Namen: Aboda sarah, abgeleitet von Deus alienus, was nichts Anders als fremder Cultus bedeutet und von diesem, wie von jenem seiner Riten und Bräuche wird immer religiöserweise, mit Hohn und Spott geschrieben, gemäss der göttlichen Vorschriften in Deut. c. 12 V. S.: „Ihre Altäre sollt Ihr niederreissen, ihre Bildsäulen zertrümmern und ihre Haine in Feuer verbrennen; die Bilder ihrer Götter zerschlagen, und ihren Namen von demselben Orte vernichten".

Die alten Rabbinen hatten niemals die Absicht, wenn sie von fremden Götzendienern schrieben, darunter die Christen zu verstehen, die doch mit ihnen im Glauben an die Erschaffung der Welt „aus Nichts", an die göttliche Vorsehung, an die Belohnung der Guten, und Bestrafung der Bösen in anderen Leben, an die Wiedererstehung der Todten und in so vielen anderen hauptsächlichen Glaubensartikeln übereinstimmen. Und wie können endlich die Christen als Götzendiener angesehen werden, da sie doch an den wahren, einigen und allmächtigen, nach seinem eigenen Willen waltenden Schöpfer glauben, wie darüber S. Augustin: De civitate Dei libr. 19 c. 22 schreibt.

Es ist nicht in Abrede zu stellen, dass die Männer des Talmud die Götzen und den Götzendienst mit Schimpfnamen bezeichnen, indem sie dieselben Aboda sarah, d. h. fremder Cultus, Bet hatarphud, d. i. Schändlichkeit nennen. Die Tempel, ihr Weihrauch, die Priester, ihre Umhänge, Bekleidungen und Klänge werden auf nicht gerade ehrende, sondern auf schimpfliche Weise beschrieben, aber alles dies muss nur von den falschen Göttern und ihrem schmutzigen Cultus verstanden werden, wie es der überaus gelehrte Maimonides in seinem Führer der Verirrten III c. 29 u. 30 bemerkt.

Alles, was an Gehässigkeit, Gegnerschaft und Feindschaft in den talmudischen und rabbinischen Büchern zerstreut und vermischt sich findet, versteht sich, und muss absolut nur verstanden werden, von den Völkern, die Gott den Allmächtigen, den Schöpfer des Weltalls nicht anerkennen, nach dem Fluche des Propheten Jirmija c. 10 V. 25: „Schütte aus deinen Grimm über die Völker, welche dich nicht erkennen, und über Geschlechter, die deinen Namen nicht anrufen. Denn sie haben Jacob verzehrt, ja verzehrt, aufgerieben und seine Wohnung verwüstet".

Diese Götzendiener heissen bei den Juden „Nochrim", d. i. Nichtkenner, weil sie ohne Kenntniss des wahren Gottes sind. Wer jedoch an das

Dasein Gottes glaubt, an die Erschaffung der Welt, an die Verheissung von Lohn und Strafe, an die göttliche Bestimmung und Willensfreiheit und an alles Uebrige, was zur wahren und positiven Religion wesentlich gehört und begründet erscheint, wie es die Christen thun, gegen den ist es eine schwere Sünde und die grösste Beleidigung Gottes, ihn nur zu hassen, geschweige denn, ihm zu fluchen. Gott gebietet den Juden, Deut. c. 23 V. 8.: „Nicht verabscheuen sollst du den Idumäer, denn er ist dein Bruder; nicht verabscheuen sollst du den Aegypter; denn Fremdling warst du in seinem Lande". Daraus folgt, wenn schon gegen die Aegypter, die das jüdische Volk lange Zeit während seiner Sklaverei so grausam quälten, von der heiligen Schrift nicht nur die Verfolgung oder der Hass, sondern sogar die innere Abneigung und der innere Abscheu verboten sind, mit Rücksicht auf die, wenn auch schmerzvolle Gastfreundschaft, welche die Juden bei den Aegyptern genossen hatten, um wie viel weniger darf man Hass oder böse Absicht bei den Juden (natürlich bei den verständigen und frommen) gegen Katholiken und christliche Fürsten voraussetzen, da doch die Juden von ihnen und vom apostolischen Stuhle nicht nur in der Beobachtung ihrer Riten und Ceremonien, ohne Schimpf oder Beleidigung geduldet werden, sondern bei Gelegenheit sogar auf die gnädigste Weise und mit einer mehr als musterhaften Güte und Milde beschützt und vertheidigt werden?

Ebenso abweichend von der Wahrheit ist es, dass es den Juden gestattet sei, die Christen zu betrügen oder zu beschädigen, da ihnen dies doch durch die Vorschriften aus den zehn Geboten „Du sollst nicht stehlen" mit untersagt wird und dies noch ausdrücklich von allen ihren berühmten Gesetzeslehrern verboten wird, wie z. B. von Rabbi Moses von Aegypten in seinem „Jad Hachasaka", und zwar in den Abhandlungen über die moralischen Empfindungen, genannt „Hilchoth Deoth" cap. 2 No. 6, wo er ausdrücklich verbietet, den Sinn Anderer zu täuschen, auch nicht den Heiden gegenüber, und so im vierten Theile der Abhandlung über den Diebstahl, cap. 1 wo man liest: „Wer auch nur das Geringste stiehlt, überschreitet dadurch das Verbot: Du sollst nicht stehlen, dies gilt eben sowohl von der Sache eines Juden als auch eines Nichtjuden. Man darf keinerlei indirekte Beschädigung weder an Sachen noch an Personen zufügen; es sei denn gegen die ehemaligen Heiden, die das mosaische Gesetz und die Prophezeiungen verleugnen, wie der genannte Autor in der Abhandlung vom Mord cap. 4 No. 10 schliesst, aufgenommen vom Verfasser des Baal hatur im 4. Theil, genannt „Choschen Mischpat".

Noch mehr weicht's von der Wahrheit ab, dass Talmudlehrer und Rabbinen den Juden gestatten sollen, die Christen zu hassen und zu beschimpfen, während sie nach der allgemeinsten Entscheidung in gesetzlichem Sinne streng nicht allein verbieten, sie irgendwie zu hintergehen und zu betrügen, sondern auch sogar jede Sinnestäuschung gegen sie untersagen und es ist wahrlich bemerkenswert, dass die Juden durch gesetzliche Vorschrift dazu angehalten werden, an Gott ein inständiges Gebet um die Ruhe, den Frieden und den Sieg jener Regierungen und Fürsten zu richten, bei denen sie Unterkunft gefunden haben, und zwar nach der prophetischen Ermahnung Jeremia's cap. 29 V. 7: „Und suchet das Wohl der Stadt, dahin ich euch weggeführt habe, und betet für sie zu dem Ewigen; denn in ihrem Wohl wird euch wohl sein." Und die ehemals in der Gefangenschaft mit König Jechonja in Babilon weilenden Juden sandten Jenen, die sich mit dem Hohenpriester Jojachim in Jerusalem befanden, eine Menge unter ihnen gesammelter Gelder, indem sie, wie man im Buche Baruch cap. 1 liest, hinzusetzten.: Siehe, wir schicken euch Geld, kaufet dafür Ganzopfer u. s. w. Betet auch für das Leben Nebukadnezar, König v. Babylon u. s. w.

Dies wird auch in allen unseren Verträgen, sie seien geistlichen oder weltlichen Inhalts, pünktlich befolgt, dass man darin der Päpste oder anderer christlichen Fürsten Erwähnung thut, indem man dabei die Abkürzung Jara (יר"ה) (für Jarum hadaro, d. h. „erhöht werde seine Herrlichkeit" gebraucht und an den hohen Festtagen betet man andächtig in den jüdischen Gotteshäusern für das Wohl und die Ruhe der Päpste und ihrer Eminenzen der Herren Cardinäle und ihrer Minister. Dasselbe thaten auch die Juden in Asien, die dem Kaiser Augustus unterworfen waren, wie sie an Hyrkan, König von Jerusalem, schrieben, nach dem was der alte Philo der Alexandriner (de Legatione ad Cajum) berichtet.

Es ist daher festgestellt, was ja gründlich nachgewiesen erscheint, dass die hebräischen Bücher der ersten Klasse, nämlich die Commentare von Raschi, Kimchi, jerusalemischen Rabbinen und ähnlichen, obgleich sie im Index unter dem Buchstaben C figurieren, dennoch vom hochseligen Clemens VIII. gestattet wurden, wenn sie nur geläutert worden sind, und dass von der hiesigen Congregation mehrmals angeordnet wurde, dass dieselben den Juden zurückgestellt werden sollen. Es ist noch hinzuzufügen, dass in den talmudischen Büchern der zweiten Klasse, die einen Auszug des mündlichen Gesetzes und die Ueberlieferung des Sinnes und der näheren Umstände der göttlichen Vorschriften enthalten (zu verstehen sind die im Kirchenstaat gebräuchlichen Bücher, wie Mischnajot und ihre Erklärungen, Raschi, Alfes, Halachot Gedoloth und ähnliche), keine Lästerungen Gottes und der Heiligen enthalten sind, weil ja die Autoren derselben nur von den alten Göttern und deren Tempeln und von dem falschen Gottesdienste mit Hohn und Spott geschrieben haben. Daraus folgt, dass alle rituellen Schriften und Gesetzbücher wie Jad Hachasaka des Maimonides, Tur und seine Commentare, nämlich Bet Joseph, der Schulchan Aruch mit Anmerkungen und alle Rechtsbescheide, gesetzliche Entscheidungen, genannt im Hebräischen Schaalot u. Tschuwot, durchaus nicht der Falschheit und der Beschimpfungen des heiligen Stuhles und der christlichen Religion verdächtigt werden dürfen. Es verbleiben nun die Bücher der dritten Klasse, welche Reden, Excerpte von Gedanken, moralische und zur Predigt geeignete Betrachtungen sind, wie Midrasch Rabba, Jefe Mareh und dessen Commentatoren, Menorath Hamaor, Bina Laittim, Akedat Jizchak, Olat Schabat, Olat Tamid und ähnliche, (worunter En Jacob und Jalkut) die, obgleich sie im Index angeführt sind, nachdem sie geläutert worden sind, mehr als einmal zurückgegeben und erlaubt wurden, und viele Jahre hindurch war auch in der That deren Besitz und Gebrauch vom h. Stuhle gestattet. Viel weniger ist es bezüglich der Bücher der vierten und letzten Klasse zu zweifeln, als da sind: More Nebuchim, Milchamoth Adonai, Cusari, Ikkarim, Chowat Halewawot, Miphalot Adonai und viele andere unverdächtige, von Lästerungen und Häresie gänzlich freie Bücher.

Die Ansicht, dass es den Juden in den freien Republiken, ohne jede Rücksicht gestattet sei, Bücher zu drucken, welche Beschimpfungen der christlichen Religion enthalten, ist falsch. Jene Völker, bei denen die Bücher der Juden gedruckt werden, sind, wenn nicht selbst römische Katholiken, doch mindestens Verehrer des Evangeliums, und da sie die hebräische Sprache sehr genau kennen, so lassen sie die Veröffentlichung solcher Empfindungen nicht zu, nicht einmal die zweideutiger Ausdrücke. Auch erscheint kein Buch, ohne dass eine feierliche Erklärung darin vorgedruckt ist, dass nämlich Alles, was darin von Götzendienst, dessen Greuel und Spott enthalten ist, sich nur auf die Heiden, die Verehrer falscher Götter bezieht und beziehen darf, und niemals auf die Christen, die doch Gott, den Vollkommnen, den Höchsten, den Allmächtigen und Schöpfer anerkennen, was aus verschiedenen, in Hamburg, London und Amsterdam gedruckten Werken ersehen werden kann, etwa als Nachahmung der Erklärung, die am Schlusse des Schulchan Aruch sich findet, der mit Anmerkungen von Leon Levi i. J. 1723 in Mantua gedruckt worden ist[1]).

Und wäre es auch wahr, dass unter den vielen, im Besitze der Juden des Kirchenstaates befindlichen Büchern irgend ein Satz in zweideutigem, verdächtigem oder abergläubischem Sinne enthalten sei, so müsste auch darum noch nicht der Gebrauch und die Zurückgabe von Werken, die an und für sich nützlich und zur Regelung der Volksverhältnisse überaus nöthig sind, verweigert werden. S. das Urteil von Paulus in s. Briefe an die Corinther 1. C. 5. V. 12 u. 13: „Denn was geht's euch an, die ausserhalb (der Gemeinde) Befindlichen zu richten? Richtet ihr nicht die innerhalb Befindlichen? Die draussen Befindlichen aber wird Gott richten; vgl. noch, was S. Augustin, Band 10 serm. p. hinzufügt.

Der Prozess, der unter Leo X. zwischen dem getauften Juden Pfefferkorn und Reuchlin, einem in der hebräischen Sprache überaus bewanderten Manne, in Betreff der talmudischen Bücher geführt wurde, ist ein glänzender

---

[1]) Es is die Ausgabe des ש"ע mit dem Commentar des גור אריה הלוי gemeint.

Beweis dafür, dass die Christen über die hebräischen Bücher anders gesprochen, je nachdem sie dieselben selbst beurteilen konnten, oder aber sich auf Andere verlassen mussten. Ersterer stachelte Kaiser Maximilian an, die Bücher als falsch und voller Aberglauben zu vernichten und der Zweite berichtete i. J. 1510 an Usiel, Erzbischof von Mainz, dass die talmudischen Bücher, obgleich sich unter denselben einige befinden, die lächerliche oder abergläubische Dinge enthalten, zumeist sehr nützlich sind. Da sich gegen dieses Urteil viele Collegien erhoben, appellirte er an den Papst, der die Sache dem Bischof von Speier und dem Palatinus Gregor anvertraute, und obgleich die Theologen von Cöln i. J. 1514 (Monat Februar) das Urteil Ciprions verdammten, und die Sorbonnisten von Paris am 2. August desselben Jahres ein Gleiches thaten, so urteilte doch der Bischof von Speier zu seinen Gunsten. Als sich dann der Inquisitor Hogostratus nach Rom begab, vertheidigte er mit Fleiss seine Sache, worauf endlich einige Cardinäle vom Papste beauftragt wurden, den Gegenstand zu prüfen, und nach dreijährigem Streite blieb Reuchlin endlich Sieger und die hebräischen Bücher kamen wieder bei den Juden in Gebrauch wie zuvor.

Einige, die mit der Verstellung frommen Eifers begierig sind, jener bitteren und bissigen Feindschaft, die sie in ihrer hochmüthigen Brust gegen die Juden hegen, freien Lauf zu lassen, sind bestrebt, dieselben zu unterdrücken, indem sie glauben machen, dass ihre Bücher voll von Irrthümern seien und Ruchlosigkeiten, Schmähungen und Lästerungen gegen Gott und die Heiligen, Falschheiten und Beschimpfungen gegen den Glauben und die Religion enthalten. Damit planen sie, die Juden, wenn sie ihnen ihre klassischen Autoren entziehen, in Betreff des göttlichen Gesetzes sowol als des menschlichen unwissend zu machen. Da sie doch zum grössten Theile keine andere Sprache als die eigene kennen, so würden sie es mit der Zeit dahin bringen, dass die Juden sich selbst, Anderen, den Fürsten und Gott verderblich werden.

So würden aber die Betreffenden nicht handeln, wenn sie die Ermahnung des Papstes S. Gregor gegenwärtig hätten, die er einst an Pascasius, den Bischof zu Neapel, richtete: „Die sich aufrichtig bestreben, die Aussenstehenden zu dem wahren Glauben zu bringen, haben sich hierzu der liebreichen Vorstellungen und nicht eines rauhen Vortrages zu bedienen, damit ein widriges Betragen Diejenigen nicht noch weiter zurücktreibe, welche eine sanfte und gelinde Vorstellung zur Erkenntniss der Wahrheit annähern könnte; und welche anders, als auf diese Weise zu Werke gehen, und die Aussenstehenden unter dem Vorwande eines gerechten Eifers an der gewöhnlichen Beobachtung ihrer Religionsgebräuche hindern wollen, diese zeigen nicht undeutlich, dass sie nun mehr ihre eigene, als die Sache Gottes berücksichtigen." [Brief 12 aus dem Jahre 602].

Auf Grund der obigen wahrhaften und aufrichtigen Beweise und der uns eingeprägten Beispiele der gnädigen und gütigen Duldung eines gnädigen, barmherzigen, höchsten Tribunals erscheint es als etwas wohl Vernünftiges und der Gerechtigkeitsliebe Ew. Eminenz Entsprechendes, dass Sie es für gut finden mögen, die Juden mit dem wiedererlangten Rechte für den Gebrauch ihrer Bücher, nachdem sie gemäss der Einzelheiten des Buches Zikuk geläutert und verbessert worden, zu erfreuen. Dieses Buch entspricht den Läuterungen, die im Jahre 1594 von einem Kapuziner-Neophyten begonnen und i. J. 1596 vom hierosolymitischen Pater Domenicus fortgesetzt wurden, der dann das Buch dem Cardinal von Cremona, damals Commissar des heiligen Officium, übergab. Nachträglich beauftragte der hochehrwürdige P. Ridolfi, Hofmeister des h. Palastes den sehr ehrwürdigen Pater de Trevi, Judenprediger in Rom, mit dieser Säuberung, dass er nämlich die Vergleichung mit dem genannten Zikuk anstelle, so oft er die Bücher der Juden prüfe und sie dann unterzeichne. Hierauf wurde dem P. Joseph Cionti, ebenfalls Judenprediger, das Patent als Purgator (Läuterer) sammt dem Zikuk, worin die Läuterung von 500 und mehr Büchern enthalten ist, übergeben. Dieses Verfahren wurde bis zum Jahre 1641 fortgeführt, wie auch dieses Buch sich noch heute in der palatinischen Bibliothek des Vaticans unter No. 273 befindet, worüber Julius Bartolocci in seiner Biblioteca magna Teil 2 fol. 820 unter No 502 unter Zikuk schreibt.

Wenn es Euren Eminenzen gefallen möchte, den Bittstellern aufzutragen, die Fortsetzung dieser genauen Läuterung in allen jenen Büchern, die einem solchen Verfahren noch nicht unterworfen sein sollten, in dieser Weise vorzunehmen, erbieten sich dieselben bereitwilligst, das genannte Buch Zikuk abschreiben zu lassen oder es zum allgemeinen Gebrauch zu machen, damit sie in einem entsprechenden Zeitraume alle ihre hebräischen Bücher läutern können, wie dies sonst geschehen ist.
Unterthänigst etc.

Die Bittschrift hat folgende Ueberschrift:
„Le Universita degli Ebrei dello Stato Papale fanno istanza à Mons. Assemani Consultore del. s. Officio per il rilascio dei libri loro sequestrati il 28. Maggio 1731, come é scritto alla car. 14. „Copia del Memoriale umiliato dalle Università degli Ebrei dello Stato Ecclesiastico alla s. Congne del s. Offo. „per la rilassazione de libri a loro perquisiti et intercetti li 28. Maggio 1731".

Aus dem gutachtlichen Berichte[1]) des Revisors Antonio Costanzi, den derselbe an das höchste Tribunal der Inquisition über die Petition der jüdischen Gemeinde erstattet hat, sei Folgendes herausgehoben:

In der Einleitung betont Costanzi, dass den Juden die Ausübung ihrer Riten zu gestatten sei, da dieselben der katholischen Kirche durchaus keinen Eintrag thun, man könnte sagen, eher noch nützen. Es sei bekannt, dass,

---
[1]) Fol. 91—108 der Piece F und als Sommario Nr. 6 bezeichnet.

wo die Juden von der Uebung ihrer religiösen Vorschriften abweichen, sie zu einer verderblichen Richtung gelangen, die nicht allein der christlichen Republik, sondern auch ihnen selbst gefährlich wird.

Dann geht er dazu über zu erklären, dass aber die Bücher der Juden eine Materie enthalten, welche schwarze Flecken an sich trägt, wie dies schon aus der jüngst eingereichten Bittschrift hervorgeht. Die Petenten verlangen die ihnen vor einigen Monaten weggenommenen Bücher zurück, indem sie sich erbieten, dieselben nach Vorschrift und bisherigem Usus auf eigene Kosten corrigieren zu lassen.

Demnach bekennen sie selbst, eine solche Sorte von Büchern zu haben, welche nach ihrer eigenen Ansicht der Verbesserung bedürfen[1]). Nach dieser Richtung hin wäre somit ihr Verlangen ein gerechtes; es ist aber in der That nichts anderes als ein lügenhaftes Mittel, um jeden Argwohn oder Verdacht von sich abzulenken.

Sie geben vor, dass sie die Bewahrer der reinsten Tradition seien, nichts Anstössiges gegen die katholische Kirche oder den Stifter derselben aufgenommen haben, dass nur gegen das heidnische Götzenthum, nicht aber gegen die Christen verschiedene feindliche Ausdrücke gerichtet seien.

Darauf ist mit wenigen Worten zu erwidern. Alle die religiösen Bücher, welche bei den Juden in Ansehen stehen, haben eine zweifache Quelle, aus der sie stammen: die heilige Schrift und der Talmud. Von hier breiten sich die kleinen Flüsse des jüdischen Schriftthums aus, vorzüglich vom Talmud, den die Juden der heiligen Schrift gegenüberstellen, diese mit dem Wasser und jenen mit dem Most und Wein vergleichend[2]). Dass in der alten Synagoge ausser dem geschriebenen Gesetze das Wort Gottes auch auf dem Wege der Ueberlieferung bewahrt wurde und dass diese auch für die ganze Erfüllung des göttlichen Gesetzes nothwendig gewesen seien, wird kein vernünftiger Mensch zu bestreiten wagen. Dass aber in dem Theile des Talmud, der die Mischnah genannt wird, die alte Tradition erhalten und dass diese von den folgenden Commentatoren nicht verfälscht worden sei, dies haben die Juden niemals bewiesen, und sie können es auch nicht beweisen.

Wie können sie überhaupt einem solchen Buche, von dem man den ersten Ursprung kennt, göttliche Autorität zuschreiben? Kennt man doch den Rabbi Jehuda[3]) und seine Zeit, in der das Werk der Mischnah zuerst zusammen-

---

[1]) Dies ist ein echt jesuitischer Kniff, für den bereits S. 10 oben die Antwort gegeben ist.

[2]) Es sei hiermit ein für alle Mal erklärt, dass es nicht die Aufgabe des Verfassers dieser Abhandlung ist, die Unrichtigkeiten und Entstellungen, welche Costanzi hier und anderswo an den Tag legt, überall zu widerlegen. Für den Sachkenner bedarf es auch nicht einer Vertheidigung oder Rechtfertigung. Für den Nichtkenner aber, der sich hierüber belehren will, bietet sich eine ganze Litteratur dar.

[3]) Nämlich R. Jehuda Nasi.

gestellt wurde! Dies hat bereits Hadrian Fino, der als Jude geboren [1]) und in Sachen seiner Nation sehr gut unterrichtet war, in seiner Controverse, Buch IX cap. 3 näher behandelt.

Es ist klar, dass Alles, was die Juden mit Tradition bezeichnen, nicht von Männern mit prophetischem Character, wie er als unleugbares Argument für die erhabene Mission nach Jesaja 28,16 oder Deutron. 18,22 erforderlich ist, ausgegangen ist. Daher wird ihnen nur zu gestatten sein, was der heiligen Schrift nicht widerspricht; dagegen werden alle die Irrthümer ihrer Auslegungen zu streichen sein.

Die Berufung der Juden auf Reuchlin (s. oben S. 15) hat keinen Werth, wenn man liest, wie Bartolocci in seiner Bibliot. rabbinica III p. 744 über ihn wie über andere Nichtkenner des Talmud urteilt. Uebrigens hat Capnio Reuchlin nur für den Talmud, nicht aber für andere Bücher die Verteidigung übernommen.

Auch die Berufung auf Clemens V. ist grundlos. Denn was aus Galatinus libr. I cap. 7 [2]) mitgetheilt wird, beruht, wie Bartolocci an eben erwähnter Stelle nachweist, auf falscher Voraussetzung des Galatinus. Nicht von talmudischen Büchern, die den Christen übersetzt werden sollten, ist die Rede, sondern von grammatischen Schriften, die für den hebräischen Unterricht an den Universitäten verfasst werden sollten, dessen Einführung nach dem Vorschlage Clemens' im Concil zu Vienne beschlossen wurde. Galatinus hat dies aber missverstanden und dafür „talmudische Bücher" gesetzt, in denen nach ihm so viele kabbalistische Wahrheiten enthalten sein sollen.

Am Schlusse weist Costanzi darauf hin, wie gerecht es sei, den Juden ihre Bücher zu nehmen, von denen einige gar nicht zu verbessern und andere nur nach vorgenommener Verbesserung zu gebrauchen seien. Ferner, wie Alles, was in der Supplik der Juden vorgebracht worden ist, der Wahrheit widerstreitet, um nur wieder in den Besitz der Bücher zu gelangen.

In einem Anhange kommt Costanzi noch auf ein Schriftstück des Rabbiners Tranquillo Corcos [3]), welches aus dem Jahre 1728 herrührt, zurück, in welchem derselbe auf 3 Hauptpunkte näher eingeht, die aber Costanzi nach seiner Weise zu widerlegen sucht.

Corcos hatte die Tradition der Synagoge als festen Punkt hingestellt.

---

[1]) Costanzi stellt den Fino als ehemaligen Juden dar, während er in der That aus einem alten adeligen Geschlechte, das aus der Stadt Adria nach Ferrara gekommen, entsprossen war. S. Compendiöses Gelehrten-Lexicon (Leipzig 1715) S. 727.

[2]) S. oben S. 15 Note 2.

[3]) Die litterarische Thätigkeit des Corcos, ist in unserer Schrift „Aus schweren Zeiten" S. 14 dargestellt. Ausserdem kommt noch hinzu: Discorso accademico del Rabbi Tranquillo Vita Corcos per l'Historia d'Ester e Mordacheo nell' Anno 5470 (Roma 1710).

Costanzi bestreitet die Forterhaltung derselben in den Zeiten, welche auf den Stifter der christlichen Religion gefolgt sind. Am allerwenigsten könne in dem Exil, in welchem die Juden elend und gedrückt, ohne Hohepriester und Heiligthum, zerstreut in allen Weltenden lebten, von der Fortdauer einer Tradition die Rede sein. Die modernen Rabbinen halten zwar die Tradition für eine fortbestehende, aber doch mit einer gewissen Einschränkung, um nicht auch die thörichten Eingebungen gewisser cabbalistischer Schriftsteller als alte Traditionen ausgeben zu müssen.

Der zweite Punkt betrifft die Benutzung der Psalmen; aber nicht diese wird verdammt, werden doch vielmehr auch in der christlichen Kirche bei den feierlichsten Gelegenheiten die Psalmen Davids gesungen! Nur der Missbrauch der Psalmen zu abergläubischen Zwecken wird verurteilt. In den kleinen Doudez-Ausgaben des Psalters ist ein Anhang enthalten, in welchem die verschiedensten Engel erwähnt und Heilmittel nachgewiesen werden, welche in den Wörtern und Buchstaben gewisser Psalmstellen aufzufinden seien[1]).

Was den dritten Punkt betrifft, so hat der Rabbiner Corcos das Buch ישראל עץ oder יעקב עץ mit Unrecht als einen Commentar zur heiligen Schrift bezeichnet. Dieses Buch wird eine besondere Censur erfordern; es hilft da übrigens eine teilweise Expurgierung gar nicht, denn es ist voll von gottlosen Lehren.

Was nun endlich den Sohar betrifft, für dessen Vertheidigung der erwähnte Rabbiner eintritt, so ist dieses Buch mit cabbalistischem und abergläubischem Zeuge angefüllt, mit Engelnamen, die in der heiligen Schrift nicht vorkommen — es ist daher zu verwerfen, wie bereits von mir erwiesen ist."

Hierauf scheint aber doch die Rückgabe fast aller Bücher erfolgt zu sein; nur wegen einiger Bücher, die der Revisor Costanzi noch immer zurückhielt, wurde eine neue, kürzere Eingabe an den Rath Assemani gerichtet, aus welcher Folgendes hervorzuheben ist:

Die Gemeinde beschwert sich darüber, dass Costanzi noch immer Bücher der Juden in Händen habe, die er ohne besondere Anordnung Seitens der h. Congregation auszuliefern sich weigere. Der Bittstellerin erscheint dies ganz neu, nachdem den Juden von Ancona unterm 5. Mai 1728 und den Cultusgemeinden des ganzen Kirchenstaates sieben Jahre nach der allgemeinen Beschlagnahme vom 28 Mai 1731 die Bücher wieder zurückgegeben worden

---

[1]) Es ist hier der therapeutische Gebrauch der Psalmen, wie er im sogen. ספר תהלים ausgeprägt ist, gemeint.

Uebrigens nimmt sich dieses Urtheil im Munde eines Constanzi, der in seiner Kirche solche Engels-Anrufungen und Beschwörungen wie den Exorcismus in den verschiedensten Formen vorfindet, ganz eigentümlich aus. Wir kommen hierauf in der vierten Abteilung noch näher zurück.

seien. Die Bücher, deren Rückgabe noch immer verweigert wird, gehören ja ohnedies zu den geduldeten, deren Besitz, nachdem sie gemäss der Anweisung im Zikuk geläutert sind, gestattet ist. Die Petition schliesst mit den Worten: „Daher kann die Gemeinde nicht unterlassen, an die überaus hohe Gnade Ew. Eminenz sich zu wenden, damit Sie geruhen mögen, die Wahrheit des hierin Ausgesprochenen prüfen zu lassen und ganz besonders die Qualität jener Bücher festzustellen, deren Wiedergabe von dem erwähnten Herrn Costanzi der Bittstellerin verweigert wird. Ein Verzeichniss der betreffenden Bücher dürfte von ihm wohl zu erhalten sein, die, nachdem sie als nach den Vorschriften des Zikuk geläutert, werden befunden sein, der Bittstellerin gemäss früherer Bestimmungen zurückgegeben werden mögen. So nach der allgemeinen Regel und, wenn es nöthig erachtet werden sollte, nach Hinzufügung anderer neuen Verbesserungen, würde das hohe Tribunal aller Mühe überhoben werden und den Juden würden fernerhin jene Bedrückungen erspart bleiben, denen sie wegen des Inhalts ihrer Bücher, die für ihre Existenz und ihren Glauben unerlässlich sind, im Laufe der Zeiten unterworfen worden sind".

Auch das Schicksal dieser Bittschrift ist nicht weiter bekannt. Unsere Aufmerksamkeit kann sich nunmehr von ihr weg der grossen, allgemeinen Durchsuchung der jüdischen Häuser im Kirchenstaate zuwenden, welche i. J. 1753—54 zur Ausführung gelangte.

III.

Der geschichtliche Bericht[1]) über die allgemeine Haussuchung i. J. 1753—1754 weisst in seiner Einleitung zuvörderst darauf hin, dass das höchste Tribunal der heiligen Inquisition es für gut befunden habe, wieder einmal eine Durchsuchung der jüdischen Häuser und Synagogen vornehmen zu lassen, um festzustellen, welche nicht genügend corrigierte oder gar verbotene Bücher bei den Juden im Kirchenstaate noch vorhanden seien. Die Erfahrung habe gelehrt, dass die von der Censur gestrichenen Stellen in neueren Auflagen wieder hergestellt seien, wie auch, dass verbotene Werke, besonders talmudische, häufig das Titelblatt eines anderen erlaubten Buches erhalten.

Der Hausmeister des heiligen Palastes habe davon gehört, wie man in eingeführten Tuchballen oder in anderer heimlicher Weise verbotene

[1]) S. Vorbemerkungen sub. C—F.

Schriften mit einschmuggele; daher ist eine allgemeine Haussuchung angeordnet worden. Diese wurde zuerst in

Rom,

im April 1753 ausgeführt. In welcher Weise dies vor sich ging, ist bereits oben S. 10 dargestellt worden.

Bei der Revision der weggenommenen Bücher wurde die alte Regel befolgt, sämmtliche Bücher auf drei Klassen zu verteilen. Weil aber bei der Durchsuchung manches Buch den Augen der Häscher entgangen sein konnte, wurden die Juden vor Allem verpflichtet, alle noch etwa vorhandenen Exemplare nach einem von dem Revisor verbesserten Exemplare selbst zu corrigieren. Dann erst gab man ihnen gewisse Bücher aus der zweiten Klasse, nach ausgestellter Quittung, zurück, die der dritten Klasse aber wurden in besonderes Gewahrsam gebracht.

Noch andere Bücher aus der zweiten Klasse wurden als noch „zu verbessern" bezeichnet und einstweilen zurückbehalten, weil, bemerkt hierbei der Revisor Costanzi, für eine solche Correctur eine längere Zeit und eine besondere Ruhe erforderlich seien. Da ihm aber gegenwärtig Beides fehle, so wolle er sich augenblicklich hiervon befreien, hoffend, dass ihm Gott bald das Eine wie das Andere zur Ausführung der Revision verleihen werde. Als „verbesserlich" wurden folgende Bücher bezeichnet:

מעדני מלך	אבי זרה 2	מקראות גדולות (4) 11'(
סיפרא 2	גדולי תרומה	הלכות רי"ף (8) 10
כלי פז	דברי ריבות 2	יד החזקה (5) 9
תולדות יצחק 2	דרך עולם 2	טורים (4) 2
רבות 3	ראב"ן	לבוש (4) 2
יהודה הלוי [כוזרי] 2	מרדכי 2	שולחן ערוך (4) 6
אנור	דברי שלום 2	משניות (6) 40
חובת הלבבות	בני שמואל 1	כלי חמדה
הישר 3	תנחום 2	כנסת הגדולה 2
בחינת עולם	מטראני [שו"ת] 2	ס' החינוך 2
יוחסין 1	רשב"א 7	יפה תואר 3
מכתם לדוד	שרשים 5	ערוך 6
תחילת חכמה	בית ישראל	לחם רב
זרע ישראל	כל בו 2	צפנת פענח
עמודי סיני (?) ²)	בינה לעתים 3	פירש ראב"ע על התורה 2
Miscellaneen 10	צרור המור 5	מורה נבוכים 2
	מניני ארץ	ראש יוסף 4

---

¹) Die in Klammern gesetzten Ziffern bezeichnen die Zahl der Bände, welche zu jedem Exemplar gehören.

Die daneben gesetzten Ziffern bezeichnen die Anzahl der confiscierten Exemplare.

²) Die Titel sind überall mit lateinischen Buchstaben und nach italienischer Aus-

צמח דוד	תולדות יעקב 2	ר' שבתי	תומת ישרים 2
שנות חיים	ר' נסים	אברבנאל 4	תורת העולה
ר' אבולעיא 2	בר ששת	זרע ברך	לחם משנה
עלית קטנה	שבט מוסר 12	דוראן	דרושים 8
שלשה שרגים	ראשית חכמה 3	רבק טוב	(רי"ף (קטן) 7
דרושים 3	ריטב"א	ריקנאטי	פירו' על איוב 5
אלמושנינו 3	מוסר	וייל	מנות לוי 6
בני כהן	שערי תשובה	לחם דמעה	אסף המזכיר 4
בית אל	בני שמואל	הזכרונות	מבתב 2
זקן אהרן	ר' יצחק קרא	שפתי חכמים	משה אלשיך 8
רבות	יד יוסף	נופת צופים	מהר"י קולון
ברכת שמואל 2	פירוש החומש	מעבר יבוק	מהרי"ל
שמואל יפה	. על נביאים 3	חקור דין	אברהם כהן
בית חדש 2	דברי שמואל	נוה שלום	תורה אור
שפתי כהן	מנורת המאור	פירוש על רות 2	מצות הרמב"ם
לב אריה	רב בחיי 3	עמודי גולה	אלמושנינו
מורטירא¹)	פירוש תהלים	בית לוי	עבודה

Das Verzeichniss der Bücher aus der dritten Klasse, welche als „unverbesserlich" bezeichnet wurden und daher absolut zu verbieten seien, ergiebt sich aus nachstehenden Motiven, in denen das Urtheil über sie gefällt und näher begründet wird:

Joseph Albo's Ikkarim, ein von Irrlehren strotzendes Buch, welches besonders im 25. Capitel²) des dritten Abschnittes das Dogma von der Messianität Christi bekämpft. Die auf die Edition von Venedig 1521 folgenden Ausgaben sind zwar schon ausgebessert, allein es bedarf noch einer sorgfältigeren Correctur, die das hohe Tribunal anordnen möge. Unter den beschlagnahmten Büchern sind 2 Exemplare, welche nur den Text und mehrere Exemplare, welche auch den Commentar des Gedalia b. Salomo³) enthalten.

Jacob Chabib's Werk, von dem der erste Teil En Jacob oder Israel, der zweite Bet Jacob oder Israel sich betitelt, enthält die Allegorien und die Metaphysik des Talmud, verschiedene ruchlose Lehren gegen Gott,

---

sprache wiedergegeben, wodurch nicht selten besondere Schwierigkeiten für die Eruirung des richtigen Titels entstehen. So hat man z. B. bei Nghez Sciatul an עץ שתול, bei Scianghare Tzion an שערי ציון zu denken. Es sind daher oben die hebräischen Titel dafür gesetzt, die hin und wieder auch durch Ergänzung in Klammern näher bezeichnet werden.

¹) Wahrscheinlich ר' שאול מורטירא v. גבעת שאול.

²) De Rossi hat unter allen Exemplaren dieses Werkes keines gefunden, in welchem nicht dieses 25. Capitel herausgerissen war.

³) Verfasser des עץ שתול.

die Natur, das christliche Gesetz und seine Prinzipien. Dieses Werk ist von der Edition in Salonichi 1520 an und weiter corrigiert, aber seit Decret vom 12. März 1703 (S. 142 des Index v. J. 1786) ganz verboten worden) Die Juden behaupten, dass dieses Verbot sich nur auf die Edition von 1520 beziehe, nicht aber auf die folgenden Ausgaben, worüber die h. Congregation zu entscheiden haben wird.

Es sind 9 Exemplare aufgefunden worden, wobei zu beachten sind, dass die Juden sich in dieser talmudischen Sammlung im Vereine mit dem Werke des Alfasi, welches die Vorschriften und Gebräuche behandelt, einen Ersatz für den ihnen verbotenen Talmud zu schaffen wissen.

Jalkut (4 Ex.), für Prediger, allegorische Erklärungen aus dem Talmud für Stellen in der heiligen Schrift, bereits im Index vom 12. März 1703 verboten.

Emek ha Melech, Commentar zum Sohar, ist als ganz unverbesserlich zu bezeichnen, ebenso

Jalkut Rubeni,' gedruckt in Amsterdam 1710[1]); ferner Eldad ha Dani, das die Fabel eines noch bestehenden Reiches und vom Flusse Sabbation enthält. Ein anderes Buch gleichen Inhalts, welches sich noch vorgefunden, enthält keine Angabe über Ort und Zeit des Druckes.

Sohar (4 E. à 6 Bände), ist noch der h. Congregation für eine besondere Censur vorzulegen. Ueber den Verfasser des Buches sind die Gelehrten nicht einig; einige nennen Ben Jochai, der zur Zeit des Kaisers Hadrian gelebt, als den Verfasser, andere den Rabbiner Mose di Leone, welcher 1200 gelebt hat. Schon der Umstand, dass darin Engel erwähnt werden, welche in der heiligen Schrift nicht vorkommen, giebt Grund genug, das Buch ganz zu verbieten[2]). Ebenso bedürfen die Zusätze zum Sohar, gedruckt in Amsterdam, ohne Namen des Verfassers (תיקוני זוהר) der Censur, weil sie ebenfalls cabbalistischen und abergläubischen Inhalts sind.

כונת שלמה von Salomo Rocca, worin bei einzelnen Stellen der Gebete von Gott und den Engeln besondere Namen ausgedrückt werden, die nicht in der h. Schrift vorkommen, und das daher eingehender Erwägung bedarf.

תעלומות חכמה des Arztes Joseph[3]) (unverbesserlich, weil es von der Seelenwanderung spricht)[4]).

Aehnlich diesem Buche ist 1749 in Venedig ein Buch erschienen, welches

---

[1]) Das Buch ist auch vermittels Decret vom 14. März 1763 in den Index gekommen.

[2]) Für die Geschichte des gedruckten Sohar sei hier darauf hingewiesen, dass 4 Jahre nach der Verbrennung (1558) die italienischen Rabbinen den beabsichtigten Druck des Sohar verhindern wollten, wogegen Isac de Lattes auftrat (s. dessen Responsen, Wien 1860 S. 124), woraufhin das Buch zu gleicher Zeit in Mantua Quart und in Cremona folio) gedruckt wurde.

[3]) Nämlich Delmedigo.

[4]) Die in Parenthese gesetzten Worte enthalten das von dem Tribunal nachträglich gefällte Urteil.

verschiedene Gebete enthält, die bei der Beerdigung einiger Rabbiner, die als Heilige oder Gerechte bezeichnet werden, gesprochen worden sind. Unter diesen wird auch der im römischen Ghetto vor wenigen Jahren verstorbene Rabbiner Sabbatai di Segni erwähnt (Kann corrigiert werden.)
Ein kleines Gebetbuch (30), mit 72 Psalmversen beginnend, mit verschiedenen cabbalistischen Namen und Engeln für die einzelnen Wochentage ausgestattet: (Kann als Separatschrift corrigiert werden; den Machsorim beigegeben, sind die dazu gehörigen Blätter auszuschneiden).

Jetzt folgen mehrere Schriften mit kürzerer Angabe ihres cabbalistischen Inhalts. Eine Schrift, die man dem Patriarchen Abraham zuschreibt, in welcher erzählt wird, dass Gott das Universum vermittels 22 mystischer Buchstaben erschaffen habe. Das Buch ist von zwei Commentaren begleitet, in Mantua ohne Angabe des Jahres gedruckt [1]). (Kann, wenn ohne Commentar, corrigiert werden).

עטודיה שבעה des Rab. Bezallel aus Polen (Ist zu corrigieren).

םרש הנעלם zu den fünf Megillot.

מפתח הזוהר, ein Index zum Sohar. (Gehört zum Sohar, daher wie dieser zu corrigieren).

כפתור ופרח, enthält talmudische Erklärungen, in Basel 1581 gedruckt [2]) (Ist unverbesserlich).

יפה מראה, Venedig 1590, enthält eine Sammlung von Allegorien aus dem hierosolymitischen Talmud. (Gehört zur Klasse der En Jacob von Chabib und ist wie dieser zu behandeln).

ילקוט חדש, ein Index zum Jalkut, und

זית רענן, Commentar zum Jalkut (daher sind beide Bücher wie dieser zu behandeln).

בית יהודה, Index zum En Jacob, gedruckt in Venedig 1631. (Gehört zur Categorie des En Jacob oder des Jalkut).

Zwei Editionen des Machsor, die eine in italienischer Sprache nach der Mundart in Bologna, mit hebräischen Charakteren gedruckt; die andere in spagnolischer Sprache mit lateinischen Charakteren [3]), in 4 Exemplaren, die unter die allgemeinen Regeln des römischen Index fallen.

[Es ist nicht zu zweifeln, dass die ersterwähnte Edition das Gebetbuch in italienischer Sprache mit hebräischen Buchstaben betrifft, welche Leonello Modona in seiner Schrift [4]) „Di una edizione del Siddur Tefilloth in lingua volgare e tipi ebraici sco-

---

[1]) Es ist die Ausgabe des ס׳ יצירה von 1562 gemeint.

[2]) Es ist das Buch von Jacob Luzzatto.

[3]) Wahrscheinlich die Ausgabe von 1552 in Ferrara mit dem Titel: Lybro de Oracyones de todo el anno in 8º.

[4]) In dieser werden auch erwähnt: die erste Ausgabe einer solchen italienischen Uebersetzung (Fano 1505) und eine Ausgabe (Venedig bei Justinian 1547), welche nur in einem Exemplar, in 16 auf Pergament, bisher, und zwar im Besitze des Grafen G. Manzoni, bekannt geworden ist.

nosciuta ai bibliografi" (Casale 1887) als eine bisher den Bibliographen entgangene Edition beschrieben hat. Ich vermuthe auch, dass dieses Exemplar, welches von Clemens XIII i. J. 1761 an jene Bibliothek geschenkt worden ist, dasselbe sei, welches im Ghetto zu Rom sich befunden hatte. Hierzu mag ihn vorzüglich der bologneser Dialect, in der die Uebersetzung geschrieben, veranlasst haben. Sie unterscheidet sich mehrfach von der anderen Ausgabe, die in Bologna 1538—39 gedruckt und von der ein Exemplar in der Bibliothek zu Parma vorhanden ist[1]). Der Umstand, dass der Anfang, somit auch der Titel fehlt, liess den Revisor das Buch nicht richtig erkennen, indem er es als Machsor bezeichnete, während es die gewöhnlichen Gebete für das ganze Jahr enthält, wie es am Schlusse heisst:

אִי אִי פֿוֹרְנִיטוֹ לִי תְּפִלּוֹת דִי טוּטוֹ לַאנוֹ בִּינִידִיטוֹ דוֹמְדֵית קִי צִיאָה אַיוּטָטוֹ אָמֵן.

d. h. „E è fornito li Tefilloth di tutto l'anno benedetto Domedeth[2]) che ci ha aiutato, amen".]

Urbino.

Die Durchsuchung des Ghetto wurde am 5. October 1753 durch den Erzbischof vorgenommen. Zum Revisor hatte das Tribunal in Rom den Pater Paracciani bestellt, der von den confiscirten Büchern nachstehenden Catalog entworfen hat.

Als bereits i. J. 1681 revidirt, unterschrieben und gestempelt, wurden bezeichnet:

פירוש המשנה[3])	סעודת המאור.	בחיי (3)
דרש משה, דרשות.	משגיות עם עין חיים (2)	תולדות יצחק.
משגיות עם רמב"ם וברטנורא.	ארקי אליעזר.	ספר החינוך.
קונקורדנציא (2)	לחם דמעה.	עולת תמיד.
שושנת עמקים[4])	בית הלוי.	סדר היום.
מן אברהם.	באר עשק.	פירוש לשה"ש.
מדרש בחרוש[5])	הלכות גדולות.	פירוט על משנה תורה.
בית מועד.	אנור.	פירוש על המשנה.
רש"י על התורה.	משגיות עם תוסי"ט וברטנורא.	מקראות גדולות[7])
להם סתרים על דניאל	משנה תורה[6])	בינה לעתים.
חסד לבית דוד (3)	רבות.	הלכות.[8])

---

[1]) Beschrieben von de Rossi in den Annalen der hebr. Typographie von 1501—40 p. 40 n. 280.

[2]) Noch heute bei den Romagnolen für „Domine Dio" (lat. Dominus Deus) im Gebrauch.

[3]) Der Anfang fehlt.

[4]) Commentar des Alschech zum Hohenliede.

[5]) Im Manuscript heisst es allerdings nur: Eliezer Nachman (soll heissen Foa); dieser aber ist Verfasser des Commentars מדרש בחרוש zur Pessach-Hagada.

[6]) Teil 2, 3, 4.

[7]) In 6 Theilen.

[8]) Pergam. Codex in 5 Theilen, nicht näher bezeichnet.

רב פנינים.	מהזור גדול.	עיני משה.
דרשות.¹)	שולחן ערוך.	בית ישראל²)
בית יהודה.	תפארת ישראל.	חות יאיר.
תניך	הלקת מחוקק.	מקרא קודש.
ילקוט חלק ב׳.	י״ב דרשות.	מזמור להודה³)

Die Entscheidung des Tribunals erfolgte; gemäss derselben wurden alle diese Bücher freigegeben, mit Ausnahme des zweiten Teils des Jalkut⁴) der für eine neue Entscheidung der Inquisition zurückbehalten wurde.
Als noch nicht revidirt wurden verzeichnet:

אור בוקר.	עין ישראל.	פהה דברי.
יסוד היסורות (2)⁵)	רבות.	תניך עם רש״י
ס׳ מלכים עם פירוש רש״י.	משניות.	משניות עם עין חיים.
תקוני שבת (3)	שערים.	קול יעקב
שערי ציון.	בחיי.	מראות הצובאות
משניות חלק ב׳	פרקי אליעזר.	תפארת ישראל.
תקון שערים.	קונקורדנציא.⁶)	הלכות גדולות.
נהלת צבי על רש״י	פלפולי חריפתא.	קול יהודה
דרש משה.	הלכות.	מוסר מלכים.
בינו לעתים.	קרבן אהרן.	מקרא גדולה.⁷)
נבול בנימין.	ארזי לבנון.	מעיל שמואל
ישעיה עם כלי פז.	שבט צדקה.	פירוש החומש.

Ausserdem wurden noch verschiedene Papiere und kleine Hefte, welche mit cabbalistischen Dingen ausgefüllt waren, in den Räumen des Herrn Erzbischofs zurückbehalten, wo sie nach dem Beschlusse der h. Congregation den Flammen übergeben wurden.

Von den in Betreff der obigen Bücher abgegebenen Voten ist das Urteil über das תקוני שבת als eine besondere Ausnahme von der Regel, die sonst nur Verurteilungen kennt, hervorzuheben. Die Hoffnung auf einen noch zu erwartenden Messias, sagt der Revisor, ist nicht die einzige Häresie oder Gottlosigkeit. Die Juden sind einmal in vielen Dingen Juden, die nicht an den bereits gekommenen Messias glauben. Das Bad, welches beim Eintritt

---

¹) Def.
²) Erster Teil.
³) Da es nur heisst: Samuel bar Isac Comment. in Salmo 118, so vermuthe ich, dass Samuel b. Isac Aripols Einleitung מזמור לתודה gemeint sei, welche die Schlussverse im Hallel-Gebete erklärt und die dem Werke זבח תודה, Commentar zum 119. Psalm vorangeht; S. Zedner, Catalog des British Museum S. 673.
⁴) S. auch oben bei Rom S. 28.
⁵) 11 Ex. lädirt.
⁶) in kleinem Format.
⁷) Erster Teil.

des Sabbat genommen werden soll, ist keine abergläubische Sitte, vielmehr eine alte Verordnung. Wie sie aber geduldet werden, so sind auch ihre Bücher, in denen sie diesen Glauben lehren, zu dulden. Nur die vom Revisor bezeichneten Stellen müssen gestrichen werden. In gleicher Weise werden die Gebete in dem חכן שובבים milde beurteilt. Was das Machsor betrifft, so ist solches in spanischer Sprache nicht erlaubt, auch nicht in italienischer Sprache in hebräischen Charakteren, weil dies der Regel des römischen Index entgegensteht[1]). Von den anderen Büchern wurden einige den Eigenthümern wieder zurückgegeben; der grösste Teil aber blieb in den Händen der Inquisition zurück, die z. B. im Josippon die ruchlosesten Lästerungen des heiligen Glaubens zu finden glaubte!

Ancona.

Am 16. October 1753 wurde auf die von Rom ergangene Anordnung das Ghetto in Ancona nach hebräischen Büchern durchsucht, gerade zu derselben Zeit, da der Revisor Ant. Costanzi, derselbe der auch in Rom eine solche Untersuchung geführt hat, in Ancona anderer Geschäfte wegen sich aufhielt. Die Bücher wurden nach dem Hause des h. Officium gebracht und Antonio Costanzi, im Auftrage des Fiscal des hohen Tribunals, begann mit der Correctur und der Prüfung der beschlagnahmten Bücher. Zuerst wählte er die nicht suspendierten Bücher und gab sie nach wenigen Tagen zurück. Dann corrigierte er eine Anzahl der Bücher, welche er nach kurzer Prüfung mit anderen Exemplaren nach dem Ghetto zurücksandte, mit der Aufforderung, jedes Exemplar desselben Werkes, welches durch den Revisor bereits verbessert worden war, in gleicher Weise selbst zu verbessern. Die anderen Bücher, welche Costanzi nicht mehr erledigen konnte, da er von Ancona abreisen musste, nahm er nach Rom mit, um dort die Entscheidung der höchsten Behörde einzuholen.

Als vom Revisor corrigiert wurden angeführt:

שולחן ערוך in 4 Teilen in 8°, ed. Amsterdam 1697.

צרור החיים, Commentar zum Maimonides I, Amsterdam 1738.

ר"ן in 3 Teilen, von denen der erste ed. Riva bereits vom Revisor Vittorio Caro unterschrieben war, der zweite ed. Sabionetta 1554 und der dritte ohne Titelblatt.

לבוש ed. Venedig 1620.   דבר שמואל ed. Venedig 1702.

---

[1]) Vgl. Reusch I S. 51: Ueber ein Buch steht seit 1596 eine besondere Verordnung in den Index-Ausgaben hinter der über den Talmud: „Die Bischöfe und Inquisitoren sollen wissen, dass das Buch Magazor (Machsor), welches einen Teil der Officien und Ceremonien der Hebräer und der Synagoge enthält, in portugiesischer, spanischer, französischer, deutscher, italienischer und jeder anderen Volkssprache schon lange durch ein besonderes Decret verboten ist. Sie sollen also darauf achten, dass es nur in hebräischer Sprache gestattet oder geduldet werden darf".

Joseph Kolon's Responsen, Venedig 1519.
יד החזקה in 3 Teilen, ed. Venedig 1574.
כלבו ed. Venedig 1577, expurgiert von Francesco Antonio de Medicis.
חומש עם פירוש רש"י תרגום und סורחי ed. Venedig, das Jahr nicht zu bestimmen, weil das Titelblatt in allen Teilen fehlt.
Tur in 3 Teilen ed. Venedig 1588.
Mehrere Commentare verschiedener Rabbiner zu den 4 Turim, corrigiert im Text und in den Commentaren, Venedig 1681.
Von diesem Werke wurden sehr viele Exemplare gefunden, welche nach der vorgeschriebenen Correctur expurgiert werden müssten.
Pentateuch mit Targum, Jarchi, Mose Bar Nachman, Isac [Aboab], wie es scheint ed. Venedig; das Titelblatt fehlt [1548].
Pentateuch mit Commentaren, Targum, Raschi, ibn Atar, Venedig 1741.
קרית ספר des Mose di Trani ed. Venedig 1551.
שולחן ארבע Venedig 1546. פרקי דר' אליעזר Sabionetta 1567.
שושנת עמקים Venedig 1590. מקרא גדולה 3 Teile Venedig.
תנחומא Mantua 1576. ערוך Amsterdam 1655.
משנה למלך ed. Constantinopel 1731.

2. Bücher, die beim ehrwürdigen Herrn Inquisitor zurückgelassen wurden, damit sie nach der Norm der bereits im ersten Index gemachten Correcturen noch verbessert werden:

לבוש in folio, in 4 Bänden und 3 Exemplare vom 3. Teile.
מקראות גדולות 3 Teile. יד החזקה in Exemplaren von 3, 4, u. 2 Bänden.
אלפס in 16. שולחן ערוך in verschiedenen Formaten u. Bänden.
בעל הטורים (d. h. טור) und zwar in 4 Bänden.
Pentateuch mit Raschi, 36 Exemplare.

3. Nach Rom wurden vom Revisor mitgenommen, um sie dort zu corrigieren:

רבות חמש מגילות, fehlt Titelblatt. יפה תואר Venedig 1585.
שו"ת רשב"א Venedig 1545.
Commentar zu verschiedenen biblischen Büchern, von Joseph ibn Jachia; Bologna 1538.
ראב"ן Prag 1610. יואל משה (Commentar zu עשרה מאמרות) Amst. 1649.
מדרש רבה mit Commentaren Frankfurt 1711. סמ"ג Venedig 1547.
זוהר, 2 Ex., zu 2 Teilen Mantua 1559; ein Teil zu Exodus, der andere zu Lev. bereits corrigiert, zuerst ·1619 von Camillo Jaghel, dann von Domenico Jeruschalmi und von Pietro de Funes. Dennoch wurde nochmals eine Revision von Costanzi vorgenommen.

4. Von Büchern oder Exemplaren, die ähnlich denen sind, welche von dem erwähnten Costanzi nach Rom mitgenommen wurden, und die in Händen des ehrwürdigen Pater Inquisitor belassen worden sind:

קן אהרן zum Pentateuch Venedig 1657. שו"ת רשבא Bologna 1560.

כלי מס des Samuel Laneido zu Jesaja; Venedig 1697.
יפה תואר des Samuel Jafc; Venedig 1597.
מדרש רבה zu dem Pentateuch und den Megillot, 12 Ex. verschiedene Editionen.
יואל משה Amsterdam 1649.

Es ist noch zu bemerken, dass in den Händen des ehrwürdigen Inquisitors noch das Buch עין יעקב oder עין ישראל, in 1 Bande, geblieben ist, weil der ehrw. Pater erst auf neue Ordre des obersten Tribunals wartet; ebenso auch 4 kleine Bücher u. d. T. שערי ציון und ein anderes Buch, זוהר חדש betitelt.

Sinigaglia.

In der Nacht vom 29. Januar 1754 wurde die Nachsuchung nach hebräischen und rabbinischen Büchern im Ghetto zu Sinigaglia vorgenommen. Der Neophit Rossi, als Revisor von der Inquisition bestimmt, führte die vorgeschriebenen Correcturen aus, für die er sich einige Exemplare der betreffenden Bücher aus dem Ghetto zu Ancona holen liess.

Es waren folgende Bücher:
Pentateuch mit Targum u. Raschi, 54 Ex.
2 Ex. des 1. Teils von Maim. יד החזקה mit Commentaren.
1 anderes Ex. des 1. Teils. תרומת הדשן.
מקראות גדולות 1, 2 und 3. Teil. יד החזקה 2. Teil.
מכלול von Kimchi.

Pesaro.

Am 30. August 1753 ertheilte der Pater Inquisitor von Rimini den Befehl zur Durchsuchung des Ghetto in Pesaro, die auch am 31. vorgenommen wurde. Die vorgefundenen Bücher wurden dem Dr. Andrea Tassini übergeben, der als Revisor bestellt war, nachdem er bereits im Alter von 21 Jahren als Lector der hebräischen und griechischen Sprache am Collegium zu Fano seine Fähigkeiten an den Tag gelegt hatte. Derselbe hat wenige Bücher aus der dritten Klasse als verboten bezeichnet. Alle die anderen Bücher, welche in grosser Anzahl vorhanden sind, nämlich in 765 Piecen, sind angeblich bereits corrigiert, ohne dass davon ein Index gesandt worden ist, was gegen die ihm von dem höchsten Tribunal ertheilte Instruction ist. Daher kann man sich von dieser Revision kein hinreichendes Urteil bilden; man entbehrt der nur durch Autopsie zu erlangenden Kenntniss von der Qualität der Bücher und von der Methode, welche den Revisor bei der Ausbesserung geleitet hat.

Nur in Betreff dreier Bücher, welche als zurückbehalten bezeichnet wurden, konnte der Revisor Costanzi sein Votum abgeben.

Das erste ist betitelt תסלח ישרים, in Mantua 5499 nach jüdischer Aera, d. i. 1739 gedruckt. Von diesem Buche sind viele Exemplare, aber von anderem Drucke vorhanden; doch ist kein Grund, es zurückzubehalten, da ein solches Buch in hebräischer und rabbinischer Sprache und Schrift nach den Anordnungen Clemens' VIII. gemäss der Regel IV u. IX des Index der verbotenen Bücher zu gestatten ist.

Das andere Buch, betitelt בית יהודה, [Ven. 1635] welches Allegorien des Talmud enthält, ist mit Recht beanstandet worden. Von dem dritten Buche, welches als Anhang zum Sohar bezeichnet ist[1]), erklärte Costanzi, fehle ihm eine nähere Kenntniss, daher er kein Urteil abgeben könne.

Lugo.

In der Nacht vom 10. August 1753 hat der Orts-Vicar die Durchsuchung des Ghetto in Lugo vorgenommen. Für die nach dem Hause des Officium gebrachten Bücher hatte der Vicar zwei Patres seines Ordens als Revisoren bestellt, nämlich den Lector Angelo Gobulazzi und den Pater Philipp Peruzzotti. Dieselben entwarfen ein Verzeichniss von den geduldeten und den verbotenen Büchern.

[Cremona]1557 ספר הרוקח	Ven. 1749 שו״ת רדב״ז	תהלים עם פירוש עתיק.
1622 חמת ישרים	רמב״ן על התורה	Venedig 1549
Ven. 1643 גדולי תרומה	Ven. 1523 ס׳ החינוך	Venedig 1683 אוצר החיים
מעבר יבוק	1726 לחם הפנים	1743 שוח שמש צדקה
מעלות המידות	in ver- ⎱ יד החזקה	1616 יד יוסף על התורה
לב אהרן	schiedenen ⎬ בית יוסף	פירוש ראב״ע על התורה
8 Ex. משניות	Editionen ⎰ שולחן ערוך	מקרי דרדקי
חרושי הר״ן	Ven. 1566 מדרש רבות	Ven.1523 צרור המור
1617 מעמדות	Ven. 1566 (שו״ת²)	1742 פירוש גינוסר על יו״ד
Ven. 1606 לחם משנה	בעל הטורים [טור]	(מאירת עינים על יו״ד²)
[Ven.] 1546 אנור	שפתי כהן	Prag 1647
[Offenbach] 1718 "	Compendio de Haros⁴)	-- תנחומא — דרשות ש״מ
Ven. 1609 תולדות יעקב	Ven. 1661 נחלת צבי	zus. geb. מקור חיים
Frankf. a. M. עין יעקב	Annotazione (?)	עולת תמיר
Amst. 1718 ימין משה	1599 שוית ריב״ש	(²Riva 1561 אגודה
Frankf. 1719 אהל יעקב	1666 בית לוי	משאת משה על ש״ע
חסדי ה׳	קול הרמ״ז על המשנה	(³Const. 1737 ערוך
מדרש חמש מגילות	(3 Ex.) קרבן אהרן	(²Ven. 1702 דברי שמואל
Const. 1520 (מכילתא⁵)	Amst. 1717 (?) כד הקמח	Ven. 1742 מעשה רוקח
ס׳ החינוך	4 u. 6 Ex. אלשיך	2 Exempl. ערוך
1657 שמן הטוב	הלכות קטנות	Amsterd. 1727 נבול בנימין

---

[1]) Nämlich תקוני זהר.

[2]) Diese Angabe ist nicht richtig.

[3]) Wahrscheinlich die Responsen des Jacob Chabib, welche in Venedig שכ״ה erschienen sind.

[4]) הראש?

[5]) Muss heissen 1515, da das ה von הרעה gross gedruckt ist, um die Tausende zu bezeichnen.

שתי ידות Ven. 1546	מאור עינים Mantua 1574	דברי שלום
מגורת המאור Ex. 5	הליכות עולם 1547	חגור שמואל
תולדות יצחק. Ex. י	לחם יהודה Sabioneta 1554	נוה שלום Ven. 1576
עולת תמיד Ven. 1601	אמרי נעם	פירוש על שה"ש 1591
מדבר יהודה Ven. 1602	עמורי גולה Cremona 1556	רב פנינים [על משלי] 1601
דרשות על התורה Amst.1645	שערי דורא 1549	ביאורים על רש"י
אגדה ה' דרושים Ven. 1682	לשון לימורים 1542	ס' גרושין [לקורדבירו]
משאה לחם	שערי הגמול Ferrara 1556	מושיע חוסים
דרישות Salonichi 1701	ביאור קהלת 1583	תנחומא Ven. 1563
אוהב משפט Ven. 1590	עיני משה על רות Ven. 1601	ראשית חכמה Ex. versch.
קול בוכים	פירוש על שה"ש Ven. 1576	תפוחי זהב
מכלול ושרשים Ven. 1491	לחם סתרים Ven. 1608	פקיע רדוסים Ven. 1580
אוה.׳ מועד Ex. Ven.1548 3	יין המשומר [Ven. 1660]	מהריל 1720
רוקדוק די כלמש	בחינת עולם	סדר עולם רבה 1580
גלוח יהודה Ven. 1612	תחנה ערוך Ven. 1715	Rituale Bolognese ²)
מסביב מלחמות 1606 Ex 3	מגילת תענית Amst. 1659	Medicina
סדר היום diverse Editionen	שלום אסתר [Const.]	חובת הלבבות
כתר שם טוב Ven. 1601	צמח צדק	פירוש על הגדה של פסח
בית עחיאל Ven. 1601	יסוד תשובה Ven. 1718	קצור שני לוחות הברית .Fürth
ערוגת הבושם	רדק על תהלים 1561	זובח יעקב 1662
חות יאיר Ven. 1628	נ"א עם רדק Ven. 1518	סדר זמנים
נחלת יעקב Amst. 1724	תורת משה Ven. 1601	ס ארבע תענית
לקט שמואל Ven. 1694	מראות הצונאות Ven. 1604	בית דוד Ven. 1719
בשרתי צדק Amst. 1688	שושנת עמקים על שה"ש 1601	אלה הדברים
שארית יוסף Mantua 1593	חלקת מחוקק על איוב 1603	שו"ת זבח צדק
קול יעקב Ven. 1658	ספר [יפה] נוף	לכל חפץ Ven. 1552
ס' כריחות 1647 Ex 2	פירוש על שה"ש 1538	ס' חסידים Ex. 2
פרק אבות Ven. 1706	פירוש על אסתר	אורים ותומים על ס' ישעיה
אבות עולם על אבות Ven.	מקרא קורש עלרות Ven.1585	שוחר רי"ב"ש
1719	פירוש על התרגום Prag	יין מצולה
מדרש שמואל על אבות	1590¹)	ס' התרומה (³ Ven. 1528
Ven. 1579	ספר חסידים Bologna 1538	מתוק לנפש
חומש עם רש"י Ex 25	מנחה בלולה Ven. 1594	Officiolo in lingua spa-
מכלול יפי Ven. 1639	ביאור קהלת Ven. 1606	guuola ⁴)
ר' עובדיה ספורנו על התורה	מזמור שיר ידידות 1659	תצאות חיים
ראשית דעת Ven. 1583	יפה תואר Ven. 1591	אש דת London 1715
תורה אור Ven. 1606	מזרחי על רש"י	ס' המסורת
ראב"ע על ה' מגילות	שלטי הגבורים 1612	סדר המצות

---
¹) Muss 1609 heissen.
²) S. oben S. 29.
³) Muss 1523 heissen.
⁴) S. oben S. 30.

מאה ברכות	Rettorica ebraica 1716	(2) ארח מים
פרקי שירה	Storie talmudiche di di-	(9) הגדה של פסח
כסאות לבית דוד	versa edizione	סדר היום Ven. 1605
סאה סולת	יפה מראה Ven. 1590	תקון שבת 1705
מצות נשים Ven. 1710	כסתור ופרח	חבלת ישרים Ven. 1725
פרקי אליה	כוונת שלמה	שערי ירושלים 1717
רומטות אל על תהילים	מפתח הזוהר	שערי ציון Const.?
מגילת ספר Ven. 1552	(2) מקור היים	(3) סדר התקון
לוית חן Mantua 1557	עבודת הקודש Ven. 1577	עת הזמיר

Ferrara.

In der Nacht vom 24. September 1753 wurde die Durchsuchung des Ghetto nach einem genau überlegten Plane vom Pater Inquisitor vorgenommen. Zum Beistand des Revisors Tomasso Ruffini, welcher in der hebräischen und rabbinischen Sprache sehr erfahren ist, wurde der Neophyt Guido Venturini bestimmt. Das Resultat war ein sehr reichhaltiges, wie aus dem mit grossem Fleisse angelegten Cataloge hervorgeht.

Als verboten, zur dritten Klasse gehörig, und noch der Entscheidung des h. Tribunals unterworfen, werden folgende Bücher verzeichnet:

(5) עקרים	(2) ילקוט על תניך	(6) אלדד הדני
(40) תפוחי זהב	(1) כונת שלמה	(4) בית ישראל
Virtu sopra salmi¹) (2)	(2) מאמרי זוהר	(2) זוהר
Officiali in lingua (1)	(15) עין ישראל	(2) זוהר הרקיע
italiana con caratteri	(3) עין יעקב	(6) זית רענן
ebraici,	(3) עמודי שבעה	(5) יפה מראה

(worüber oben S. 29 bereits Näheres angegeben ist) somit zusammen 17 Bücher in 105 Exemplaren.

Hierauf folgt ein besonderes Verzeichniss von Büchern, die noch der höheren Entscheidung des Tribunals unterbreitet werden müssen, weil ihre Verfasser der talmudischen oder cabbalistischen Klasse angehören, durch die Irrlehren verbreitet werden. Vorzüglich wird hierbei Isac Abarbanel als einer der gefährlichsten und lästerndsten Schriftsteller gegen „unseren heiligen Glauben" bezeichnet.

In erster Reihe dieses Registers wird „der Brief des Priesters Johann an den Papst" genannt, in welchem erzählt wird, dass sich noch ein jüdisches Reich am Flusse Sabation finde. Dann folgen:

גנות אגוז	באר מים חיים	(2) אותיות דר"ע	אור ישראל
גורלות	(5) בית לחם יהודה	(3) אסף המוכיר	(2) אור נערב
דברי קדושה	בן דוד	(3) ארזי לבנון	אור קדמון
(3) דרך אמת	(4) בת מלך	אש דת	אור השכל

¹) Ist שמוש תהלים gemeint?

(4) קצור שליה	(2) נחלת אבות	כבוד חכמים	(3) דרך אמונה
(4) ראש אמנה	נפתלי אלהים	בסתור ופרח	(3) דרך תשובה
רוא דידודא	נשמת חיים	(6) לוח עין ישראל	(2) הדרת קדש
(3)שלשלת הקבלי	(2) סדר שלחן	(7) מאור עינים	(3) הון עשיר
(2) שליה	(2) סוד המילה	(3) מאורות נתן	(2) היכלות
שערי גן עדן	ס' אמונות לרש״ט	מגלה עמוקות	זבח סח לאברבנאל
שערי צדק	עבודת יה״כ	(2) מגן דוד לרדב״ז	(4) חשב מחשבות
שערי אורה	עטרת זקנים לאבר'	מנורת זהב	חיבור מעשיות
שערי ירושלים	(2) עין יעקב	מערכת אלהות	חכמת השירטוט
שערי ציון	(3) עין שתול	(3) מעיל שמואל	טוב ארץ
(2) שפע [טל]	(2) פלח הרימון	מפתח הזהר	יוחסין
תאוה לעינים	סירוש על יצירה	(3) מרכבת המשנה	יין המשומר
(3) תמר דבורה	סתרון חלומות	מראות אלהים	יש שכר
	(2)קנה חכמה ובינה	מתוק לנפש	(3) כבוד חכמים

Es ergiebt dies eine Anzahl von 150 Büchern. Eine bei weitem noch grössere Zahl enthält das dritte Verzeichniss, in welchem nachstehende Bücher nach sorgfältiger Prüfung Seitens des hohen Tribunals und nach dessen Anordnung gewissenhaft gereinigt, den Juden im Ghetto wieder zurückgegeben worden sind:

בדק הבית	אסירי תקוה	אהל עולם	אהבת עולם
בדיקות	אסי רברכי	אהל יהודה	אבק סופרים
בחינת עולם	ארבע טורים	אוהב משפט	אכדרדרם
בית שלמה	ארבע דקדוקים	אורח חיים	אבן עזרה
בית נאמן	ארבע חרשים	ארך ימים	אבן העזר
בית אלהים	ארחות חיים	אור השם	אבן בוחן
בית מועד	ארחות צדיקים	אור חדש	אגור
בית אהרן	אשלי רברבי	אור עמים	אגדות
בית לחם על יויד	אשמורת הבוקר	אור בוקר	אגרת תשובה
ב״ח על הטורים	אשת חיל	אור עינים	אגרת בעלי חיים
בית יוסף על הטור	באר לחי	אור אמת	אגרת שמואל
בית העוויאלי	באר איתן	אור השם	אגרת תימן
בית דוד	באר יצחק	אורים ותומים	אגרת שלמה
בית לוי	באר שבע	אליה רבא הוטא	אגרת התנוכחה
בית שמאל	באר הגולה	אלי' זוטא על לבוש	אגרת הישועה
בית יהודה	אסור והיתר	אתחתת בנימין	אגרת הרטב״ס
בינה לעתים	אלון בכות	אמת ואמונה	אגרת אבן בוחן
ביאורים	אלפראני')	אמונת חכמים	אדרת אליהו
ביאור פסורנו	אלה המצות	אמרי שפר	אדרת אליהו (דרשות)
ביאור סמ״ג	בגדי אהרן	אמרי נעם	אהל מועד

[1]) Alfaraggi, vielleicht das Werk יסודות התבונה לאלפרנאני, somit eine Handschrift.

		Grammatica.		
רשב״א	אבות עם רמב״ם	דבק טוב	ביאור כתובים	
רמב״ן	ויקהל משה	דבר שמואל	ביאור משלי	
ריטב״א	וידוים	דברי שזר	ביאור קהלת	
חדושים על מס׳ נדה	זבח שלמים	דברי אגור	ביאורי רקאנטי	
חדו׳ מהר״ם לובלין	זבחי צדק	דברי שלמה	— נליקא	
— מהרש״א	זבחי תודה	דברי ניחומים	— אלשיך על מגילה	
— רי״י מינאש	זהב שיבה	דברי יוסף	ביאור על אבן עזרא	
חכמת מנוח	זה ינחמנו	דברי דוד	ביאורי הר״ן לרש״י	
שלמה	זכרון אהרן	דובב שפתי	בני יעקב	
המסכן	זכרון פורים	דינים	בן שמואל	
חלקת מחוקק	זכרון תורת משה	דרוש שמואל	בן סירא	
חמש מגילות	זכרון מלכי ישראל	דמשק אליעזר	בנימין זאב	
הנוכת הבית	זמירות ישראל	דרוש משה	בעל טורים	
ס׳ החינוך	זמרת הארץ	דרכי משה	ברכי נפשי	
חסד אברהם	זקן אהרן	דרשות לחיים	בעל נפש	
הפ״ץ השם	זרע אברהם	— הר״ן	בני אהרן	
הצוצרות משה	זרע ברך	— מהר״ם פדוא	בדק הבית	
חק יעקב	חבל בני יהודה	— רש״י[1])	בדיקות	
חק יוסף	הבצלת השרון	דרך ישר	בחינת עולם	
חרידים	הבקבוק[2])	דרך ימים	בית שלמה	
חרבות ירושלים	חות יאיר	דרך הקדש	ברית שלמה	
חשק שלמה	חובת הלבבות	דרך חיים	רבות על התורה	
טוב טעם	חוסן ישועות	דת ודין	ברכת אברהם	
טוב שם	חומש עם רש״י	המידות	ברכת הזבח	
טורי זהב	— עם תרגום	הגדה	ברכת אליהו	
טירת כסף	— עם ג׳ תרגומים	הגלות והפדרות	ברכת השם	
טעמי מצות	—עם שפתי חכמים	הושענות עם פירוש	בשם קדמון	
יאיר נתיב	—עם תרגומים ורמ׳	הלכה ברורה	גבורות אנשים	
יבין שמועה	חוקי משפט	הלכות גדולות	גבול בנימין	
יד חרוצים	חוקי חיים	שחיטה ובדיקה	גדולי תרומה	
יד יוסף	חזה ציון	מלוה ולוה	גדולת מרדכי	
יד מלך	חזון למועד	הליכות אלו	גור אריה	
ידי משה	חזות קשה	הליכות עולם	גופי הלכות	
יד אבשלום	חזקוני על התורה	הרא״ש	גט פשוט	
יוסף לקח	חי עולם	הראב״ד	גלות יהודה	
יוסף דעת	חדושי הר״ן	הרי״ף	גן נטע	
יוסיפון	חדושי דינים	הרמב״ן על התורה	גן המלך	
יהום הצדיקים	חדושי נלאנטי		גינת ורדים	

---

[1]) Vielleicht des Salomo Molcho.
[2]) Di Purim, nämlich im מגילת סתרים zum Purim enthaltend.

ים של שלמה	לחם יהודה	מזרחי	מעשה חושב
ימין השם	לחם דמעה	מזמור לתודה	מעשה רב
ימין משה	לקוטי תהלים	מזבח יעקב	מעשה טוביה
יסוד התשובה	לקוטי יוסף	מחזורים	מעשה יהודית
יפה תואר	לקוטי הפרדס	מחנה אפרים	מעלות המידות
יפה נוף	לקט הקמח	מחדש חדשים	מעדני מלך
יפה ענף	לקט שמואל	מחיר יין	מערכת המערכת
יפה עינים	לקח טוב	מטה משה	מציל צדקה
ירושת נפתלי	לשון זהב	מטה יהודה	מציץ ומליץ
יריעות שלמה	לשון למודים	מילי דאבות	סמ״ק
ישיר משה	מאמר השכל	מכילתא	מצותנשיםמלומדה
ישע יה	מאמר מרדכי	מכתם לדוד	מפתחות דינים
ישע אלהים	מאמר מקוה המים	מכתב אליהו	מורה חטאים
ישמח משה	מאמר תחית המתים	מכלול	מקרי דרדקי
כבוד אלהים	מאור עינים	מכלול יופי	מקח וממבר
בד הקמח	מאיר עיני חכמים	מעלה רצון	מקיין רדומים
בונת אברהם	מאיר התהלות	מלכי יהודה	מקור חיים (דינים)
בים ישועות	מאיר	מלאכת מחשבת	— על התורה
כחורי	מבקש השם	מליץ יושר	מקרא גדולה
כלי חמדה	מבחר הפנינים	מלחמה לשם	— עם פירושים
כלי יקר	מגן אברהם	מלחמה רלב״ג	עם פירוש לומברוא
כנסת הגדולה	מגן דוד	מנות הלוי	de Volterra
בסף משנה	מגן זהב	המנהיג	— עם רש״י
בסף מזוקק	מגיני שלמה	מנהגים	— חדש
בסאת לבית דוד	מגיני ארץ	מנורת המאור	— — (דינים)
בפתור ופרח	מגיד מישרים	מנחת יהודה	מקנה אברהם
בריתות	מגילת אסתר	מנחה בלולה	מקוה ישראל
כתר תורה	מגדל עוז	מנחת שי	מרגליות טובה
בתר מלכות	מדרש שמואל	מנין המצות	מרפא לנפש
בתר שם טוב	— שוח׳ טוב	מסורת הברית	מראות הצובאות
לבוש	— הנתמא	מסורת המסורת	מר דרור
לב אריה	— רבות	מסורת הגדול	משביח מלחמות
לב אהרן	— חדוש׳)	מסרות	משא מלך
לב שמח	— משלי	מסילה ישרים	משל הקדמוני
לוית חן	— תהלים	מעין גנים	משלי שועלים
לחם שלמה	מדבר יהודה	מעבר יבוק	משניני׳ עם ברטנור׳
לחם משנה	מהרי״ל	מעמדות	— עם קב ונקי
לחם שערים	מהררי נמרים	מעשה חייא	— עם הרמב״ם
לחם סתרים	מורה נבובים	מעשה השם	משמרת קודש
לחם אבירים	מורה צדק	מעשה רוקח	משנה למלך

¹) Soll heissen בחרוש, ein Commentar zur Pesach-Hagada.

צרי לנפש	פני משה (חדושים)	ספר התפוח	משפטי שבועות
קב וישר	פסקים וכתבים	— הנפש	משנת חכמים
קהלת יעקב	פסקים	— הגבורים	משפט צדק
קהלה	פסיקתא רבה	— הבחור	משענת יעקב
קול מוסר	פסיקתא זוטא	ס׳ הזכרונות	מתורגמן
קול יעקב	פסק דר״י מורינא	ס׳ חסידים	נביאים עם רד״ק
קול הרמ״ז	פסקי הלכות	ס׳ יצירה	נוה שלום
קול בוכים	פסח מעובין	ס׳ שמות	נופת צופים
קול יהודה	פסקי ריקאנטי	ספרי	— למיסר ליאון
קול בן לוי	פסקי דינים	עבודת הקודש	נוהג יוסף
קורא הדורות	פרדם ר״נונים	עובר לסוחר	נחלת צבי
קונקורדנציא	פרדס שושנים	עולת תמיד	— על הטורים
קטורת מזבח	פרח מטה אהרן	עולת שבת	נחלת יעקב
קיקיון דיונה	פרי הדש	עולת יצחק	נחלת ישראל
קינות	פרי תואר	עזרת נשים	נחלת יבעה
קנאת סופרים	פירוש מלות	עבור השנה	נחלה ליהושע
קשת יהונתן	— אסתר	עיטור	נחמות ציון
קערות כסף	— שה״ש	עיר דוד	נפתלי שבע רצון
קיצור עמודי גולה	— רות	עיני משה	נפש דוד
— ראשית חכמה	— רש״י	עין יוסף	נפוצות יהודה
— מעבר יבוק	— אבות	עמודי הגולה	נצח ישראל
— מזרחי	— כתובים (יחיא)	עמודי שש	נקודת הכסף
קרית ספר	— שה״ש לר׳ סעדיה	עמנואל	נתיבת משפט
קרבן אהרן	— איוב (לר״י כהן)	עמנואל על משלי	סאה סולת
ראשית חכמה	— תהלים	ענף עץ עבות	סדר ריח
ראשית בכורים	פרקי אליה	עצמות יוסף	סדר חיים
ראשית דעת	פדר״א	עין חיים	סדר אליהו
ראשי׳ בכורי׳ [קציר]	פרקי אבות	עין הדעת	— רבה ווטא
ראש יוסף	פתח לבנון	עקידת יצחק	— יום כפור
ראש מר דרור	צבי קודש	ערונת הבושם	— עבודה רבה
רב פנינים	צוף דברי	עשרה מאמרות	— תפילה
ר׳ מנוח על הרמבכ	צוק העתים	פורת יוסף	— ברכה
רא״ש	צורת הארץ	פזמונים	סוד ישרים
רבות	צורת הבית	פחד יצחק	סולת למנחה
רבות עם מתנות	צחות	פי שנים	סליחות
בהוגה	צידה לדרך	פלגי מים	סמ״ג
רד״ק על נביאים	צמח דוד נאנו	פלפולא חריפתא	ספר פקודים?
ותהלים	צמח דוד פומיס	פנים חדשות	Medicina —
רוממות אל	ציוני על התורה	פנים מסבירות	— חזון
רודפי צדק	צפנת פענח	פני יצחק	— המוסר
רוקח	צרור המור	פני משה	— תרומה
רוח חן	צרי ינון	פני רבה	— פרדם

ריקאנטי (דרשות)	שו"ת	שו"ת	שערי תשובה
ריקנאטי על התורה	נאמן שמואל	מהראנ"ח	שפה ברורה
רלב"ג אור תורה	נחלה יהושע	ר' שאול כהן	שפתי חכמים
— איוב	עדות יעקב	מהרש"ל	שפתי כהן(דרשות)
רמות שמואל	הגרשוני	מהר"ם רוטנבורג	שרשים
רפאות	שארית יוסף	מהר"ם פאדוא	שתי ידות
רצוף אהבה	שי למורה	מהר"ם מינץ	שתי הלחם
רש"י על התורה	תורת חסד	ריב"ש	תבנית היכל
שאגת אריה	תורת חיים	מנהיר	תהלה לדוד
שאילתות	ראש יוסף	רדב"ז	תהלים עם פירוש
שאילות רב שאול	משה אהרן	שבט מוסר	תולדות אדם
שארית יוסף	צמח צדק	— מצרים	— יעקב
שארית יהודה	פליטת בית יהודה	שבולי הלקט	— יצחק
שו"ת	[ר"ע] מפאנו	שבילי אמונה	— אדם וחוה
דברי משה	מקוה ישראל	שבע שיטות	— אהרן
מעיל שמואל	מחנה אפרים	שבעים תמרים	תורת יוסף
דברי יוסף	תולדות אדם	שוטרים לבוקר	— חיים
שער אפרים	אמונת שמואל	שושנת עמקים	— העולה
בית הדש	ר' בנימן זאב	שורש יוסף	— שלמים
יד אליהו	בית יוסף	שורש ישי	— הבית
דרכי נועם	בית אהרן	שחיטות ובדיקות	— כהנים
דברי ריבות	זרע אברהם	שיטה על ביצה	— אדם
אני משה	יוסף להק	שיטה על ב"מ	תוכחת מוסר
תורת אמת	מען נגוע	שיר בתר תורה	תחנונים
מגיד מראשית	משאות בנימן	שיר מוסר השכל	תחילת חכמה
לחם רב	מים עמוקים	שלום אסתר	תניא
כנסת יחזקאל	מקור ברוך	שלשלת הקבלה	תנחומא
תרומות הדשן	הרמב"ן	שלשה שרינים	תנחומות אל
שבות יעקב	הרן	שלטי הנבורים	תנא דבי אליהו
שמש צדקה	סדרי וז"יל	שער אריה	תפלת ישרים
עדות יוסף	מהר"י טראני	שולחן הפנים	תפלה למשה
הות יאיר	רשב"א	שולחן ארבע	תפלה עריח
בכורי קציר	ר' בצלאל	שמים לרום	תפארת ישראל
נאונים	מהר"י בן לב	שמע שלמה	תפתה ערוך
חנוך בן יהודה	מהרם	שטנלמנחה	תקנות רבינו גרשון
באר עשק	תצב"ץ	שמות מנצן	תקוני שבת
בן שמואל	מהר"ם אלשקאר	שמות בארץ	תקון שבועות
פרי ארץ	מהר"ם אלשיך	שנות חיים	תקון שטרות
פרח שושן	שנית הרא"ש	שנים עשר דרשות	תקון עולם
דבר שמואל	מהר"י קולון	שערי שמים	תקון יששכר
משפטי שמואל	מהרי"ל	דורא	תקון שובבים
נחלת שבעה	ר' יעקב הלוי	דמעה	תשבי.

Die alphabetische Folge, die sich nach der Umschreibung der hebräischen Titel aus der lateinischen Schrift mit italienischer Aussprache (s. oben S. 26 Note 2) ergiebt, dass die ursprüngliche Aufnahme in hebräischer Schrift erfolgt war.

Avignon.

Am 5. August 1754 um 4 nach französischer Uhr nahm der Pater Inquisitor die Durchsuchung des Ghetto vor. Am 4. September reichte er beim Tribunal der Inquisition drei Cataloge ein. Im ersten Catalog waren die confiscierten Bücher verzeichnet, welche zurückbehalten werden sollten. Im zweiten Catalog waren die Besitzer dieser Bücher namentlich aufgeführt. Im dritten Catalog war eine grosse Anzahl von Büchern verzeichnet, welche bei einem Juden in Carpentras in drei Ballen in Beschlag genommen wurden.

Da die Cataloge den Inquisitions-Akten nicht beigegeben sind, so würden sich nur wenige Bücher aus diesen Confiscationen hier verzeichnen lassen, nämlich diejenigen, welche der Revisor Costanzi auf ihre Gefährlichkeit hin geprüft und verurteilt hat, worauf wir noch in der vierten Abtheilung dieser Abhandlung näher zurückkommen.

Cavaglione und Lilla.

Am 5. August 1754 hat der Pater Vicar die Durchsuchung des Ghetto an beiden Orten vorgenommen. Auch hier ist von den Büchern, welche in zwei Catalogen verzeichnet waren, die aber bei den Akten fehlen, nur noch aus dem von Costanzi abgegebenen Votum Einiges zu erfahren.

IV.

Die Verzeichnisse von den confiscierten Büchern gewähren an sich nur zum Teil ein bibliographisches Interesse, eher ein culturhistorisches, das, näher zu verfolgen, bei einer anderen Gelegenheit die Aufgabe bilden dürfte.

Ein ungleich grösseres Interesse aber fordert die Betrachtung über die Gründe, welche die Revisoren bei der Prüfung der einzelnen Bücher geleitet haben, um das Verdammungsurteil über sie auszusprechen. Wie verschieden dieses Urteil oft ausfiel, wird eine Tabelle am Schlusse dieser Abteilung zu näherer Anschauung bringen. Als Herrscher auf diesem Gebiete der Censur haben wir bereits oft Antonio Costanzi kennen gelernt, dem das höchste Tribunal nur selten widersprochen hat, um das Urteil zu ändern. Es wird daher unsere Aufgabe sein, die Vota, die er angegeben hat, in Kürze darzustellen, ohne uns, wie bereits oben S. 22 Note 2 bemerkt ist, jedes Mal in eine unnöthige Widerlegung einzulassen.

Es dürfte bezeichnend genug sein für die Grundsätze, nach denen verfahren wurde, wenn auch die Sprüche der Väter verboten wurden, jene ethisch-moralische Sammlung, welche als Anweisung zu einem Leben der höchsten Sittenreinheit allen Menschen in allen Zeiten empfohlen werden kann!

Bevor wir aber an diese Aufgabe herantreten, wollen wir bei dieser Gelegenheit einen älteren Censur-Bericht aus dem Dunkel der Bibliothek, die denselben bis jetzt bewahrt hat, an das Licht der Betrachtung führen. Die Valicelliana enthält im Cod. P. 44, und zwar S. 23 beginnend, den Bericht, welchen Carlo Borromeo, der bereits unter dem Pontificat Clemens' VIII als Scriptor der hebräischen Sprache in der Vaticana existirte, an die Index-Congregation über die den Juden weggenommenen Bücher erstattet hat.

Der Bericht trägt folgende Ueberschrift:

„Relazione fatta da Carlo Borromeo nella Sacra Congregazione dell' „Indice degli errori notati nei libri, così Talmudici, come altri „ritenuti dagl' Ebrei, e come essi sono compresi nella Constituzione „fatta de Clemente VIII. „Contra impia Scripta et libros hebraeorum."

In der That zeigt Borromeo überall das Bestreben, fast alle confiscierten Bücher als in die Kategorie unterzubringen, welche gemäss des Verbotes Clemens' VIII unterdrückt werden mussten.

Die Inquisition hatte den Talmud glücklich beseitigt,[1]) es fand sich auch nicht ein einziges Exemplar bei allen Confiscationen mehr vor. Jetzt galt es, alle übrigen rabbinischen Bücher als „Theile des Talmud" zu kennzeichnen, um sie ebenfalls zu vernichten.

Diese Aufgabe stellte sich Carlo Borromeo, der in der ersten Liste folgende Werke als beschlagnahmt verzeichnet:

Mischnajoth mit u. ohne Commentar, 23 Teile[2]); Rif Alfes 4; En Jisrael 1; Rabino Mose (also Mischne Tora) 15; Rabino Mose mit Commentar Caro's 1; Rabbi Joseph Caro 5; Schulchan Aruch 3; Sefer Aguda 1; Mardochai 1; Adam Wechawa (das Werk Jeruchams) 1; Colbo 8; Rabbi Jacob Baal Haturim 1 u. 2.

Zusammen 66 Bücher.

Alle diese Bücher fallen unter jenes Verbot. Die Mischnajot sind als Teile des Talmud anzusehen, die schon das Edict der h. Congregation v. J. 1553 verbietet, in den Worten: „praenominatos libro Talmud, omnesque et singulas ipsorum partes". Die anderen Schriften aber sind in ihrer Lehre und Materie auf dem Talmud begründet, wenn auch in Sprache und im

---

[1]) Die Verbrennung des Talmud hatte die Typographen in Italien so eingeschüchtert, dass seit 1554 kein Talmud wieder dort gedruckt ist, trotz der später noch blühenden Druckereien, trotz des Bedürfnisses und trotz der günstigen Lage Italiens zwischen drei Weltteilen für den Absatz.

[2]) Es ist nicht überall ersichtlich, ob die einzelnen Teile auch ganze Exemplare in sich enthalten; es sind daher nur immer einzelne Bücher gezählt.

Stylo verschieden von dem Talmud. Daher bezieht sich auf sie das Verbot Clemens' VIII: „tam lingua hebraica quam quaris alia".

Andere sind bereits von der h. Congregation des Index verboten gewesen, wie man an dem Tractat, Mesecheth Avoth im vierten Bande der Mischna sehen kann. Es ist der Tractat der Väter, welcher in's Lateinische von Ludovico Henrico d'Aquino übersetzt wurde. Dieser hebräische Text mit lateinischer Uebersetzung wurde von der Congregation des Index verboten[1]).

Im folgenden Verzeichnisse wurden zusammengestellt:

Bibel mit Comentaren (מקראות גדולות) Teile 12; Pentateuch mit Raschi 1; Kimchi über die kl. Propheten 4; Kimchi über Psalmen 2; כד הקמח 1; תולדות יצחק 1; ראביע על התורה 2; Raschi u. Misrachi 2; Raschi zum Pentateuch 2 u. 1; Raschi zu den Ketubim 1; מכילתא 1; כלי חמדה 1; אבודרהם 1; דרשות שם טוב 2: עקידת יצחק 3; רבות 4; צרור המור 2; מדרש תהלים 1; מחזורים 24; זוהר 1 מטור לתורה 1; מורה נבוכים.

Zusammen 72 Teile.

Sie alle werden von Borromeo als Schriften bezeichnet, die voller Blasphemien gegen die Dreieinigkeit, die Jungfrau, die Heiligen, die Apostel, ja gegen Gott selbst seien — und daher nach den Bestimmungen Clemens VIII. zu verbieten sind.

Einige dieser Bücher sind auch verboten, weil sie cabbalistischer Tendenz sind. Allerdings handeln sie nur von der speculativen Cabbala, nicht von der practischen, immerhin aber sind auf sie die Worte „vanissimos cabbalisticos" in der Constitution Clemens' VIII. anzuwenden. Auch diese speculative Cabbala enthält viele Irrthümer und Ketzereien; macht ja auch die erwähnte Constitution keinen Unterschied zwischen der speculativen und der practischen Cabbala und bezeichnet die eine wie die andere mit denselben (oben erwähnten) Worten.

In einem anderen Verzeichnisse werden folgende Bücher als verboten bezeichnet, weil in denselben Häresie und Irrthümer gegen die heilige Schrift enthalten seien:

Bibel mit Commentaren Teile 11; mit Kimchi 7; mit Ralbag; mit Abraham ibn Esra 2; Commentar Raschis 1; בחיי 3; תולדות יצחק 1; 2; עקידת יצחק 6; מנורת המאור 4; צרור המור 4; רבות 1; מורה נבוכים 2; כלי חמדה; 1; אנור 1; לקח טוב 3; זוהר 2; ילקוט על הנביאים 1; ילקוט על התורה 1; ריקאטי; בקבוק[3]; 1; שאר ישוב[2]) 1; מחזורים 27.

Zusammen 83 Teile.

Folgende Bücher werden als Talmud angesehen und daher verboten: Mischnajot mit und ohne Commentar 4 Teile; Rif Alfes 3; Colbo 4;

---

[1]) S. oben die Bemerkung S. 43.
[2]) Ist ein Commentar zum Hohenliede.
[3]) Ist ein Teil des sogen. Purim-Tractats; s. oben S. 39.

En Jisrael 1; Beth Jisrael 2; Bet Jacob 1; Rambam in folio 1; Rambam in Quart 1; Orach Chajim 3; Jore Deah 3; Choschen Mischpat 2; Eben ha Eser 3; Schulchan Aruch א״ח 1.
Zusammen 29 Teile.

Am Schlusse der Verzeichnisse erklärt der Censor, dass er mehrere der angeführten Schriften nicht eingehend geprüft habe, dass er aber bereit sei, dies noch nachträglich zu thun. Ausserdem gesteht er, er habe gar unterlassen, einige Bücher anzusehen, weil er von denselben ohne Weiteres schon aus der Praxis wisse, dass sie Irrthümer enthalten!

In der That wendet sich Borromeo bald zu der näheren Darstellung einzelner Literatur-Werke, die aber durchaus nichts Besonderes bietet, weil darin nur wiederholt wird, was ihm andere isagogische und bibliographische Schriften gelehrt haben. Er will nur beweisen, dass alle jene Werke unter den Begriff Talmud fallen, wenn sie auch nicht selbst Talmud seien. Dies allein genügt schon, sie den rechtmässigen Besitzern vorzuenthalten. Er geht daher auf Einzelheiten dieses Mal nicht ein und beschränkt sich auf die allgemeine Angabe, dass in jedem Werke, von dem er eine kurze Analyse entwirft, anstössige Stellen vorhanden seien. Nur bemerkt er bei der Mischna wiederholentlich[1]), dass im vierten Teile derselben der Tractat der Väter enthalten sei, welcher, obgleich derselbe nicht zum Texte des Talmud gehöre, doch bereits im Index vom 2. December 1622 als verboten bezeichnet worden ist.

Bei dem Buche Jeruchams (תולדות אדם וחוה) wird die antichristliche Tendenz des Werkes, wie nicht minder die Bezeichnung Christus' mit „Nazarener" denuncirt, welche von Julius III. in der Verordnung v. J. 1554 bereits verboten sei[2]).

Später hält er sein (oben S. 26) gegebenes Versprechen und weist in den einzelnen Werken eine Anzahl von Stellen nach, in Folge deren nach seinem Urteile die Unterdrückung dieser Schriften zu decretiren sei. Sein Urteil beruht auf der wörtlichen Uebersetzung aller dieser Stellen, die allein für ihn massgebend wird. Daher wimmeln der Talmud und alle mit ihm im Zusammenhang stehenden Schriften von Blasphemien und Beleidigungen gegen die Gottheit. Antropormorphien und Allegorien, Fabeln und Parabeln, wie sie die orientalische Ausdrucksweise des Talmud in grosser Anzahl bietet — Alles sieht er für die bare, nackte Prosa an. Jede Bezeichnung des Heidenthums und seiner Verehrer bezieht er auf das Christenthum und seine Bekenner. Flüche und Verwünschungen für die Verfolger, die in der schauderhaftesten Weise viele Tausende von Juden gemartert, gefoltert und

---
[1]) S. oben S. 43 und 45.
[2]) Obgleich eine solche Bezeichnung auch im neuen Testament gebräuchlich ist.

endlich vernichtet haben, sieht er wie Majestäts-Beleidigungen an — und doch was sind diese Federstriche gegen jene Schwerterstiche, diese verbrauchte Dinte gegen jenes vergossene Blut! Jede abweichende Erklärung der messianischen Schriftstellen im Sinne jüdischer Exegese und Dogmatik wird zum Verbrechen gestempelt, das Sühne verlangt, nicht allein durch Confiscation, sondern auch durch Geld- und Leibesstrafen, ja sogar den Tod unerbittlich fordert. So lesen wir es in einem geschichtlichen Exposé, welches Borromeo am Schlusse (Fol. 38) folgen lässt.

Dasselbe schildert im Eingange mit Begeisterung die Fürsorge der erlauchten Päpste für die Erhaltung des heiligen Glaubens, welche auch darin besteht, dass den Juden der Besitz aller jener Schriften verboten wurde, in denen Irrlehren gegen die heilige Schrift, Blasphemien gegen Gott, gegen die Jungfrau und die Heiligen enthalten seien. Unter Androhung schwerer Strafen sei mit Recht den Juden verboten, solche Schriften zu lesen oder bei sich zu behalten.

Vorzüglich hat Papst Clemens VIII. heiligen Andenkens in seiner Bulle v. J. 1592, indem er die Censur wieder einführte, angeordnet, dass die Juden auch bereits expurgierte Bücher nicht behalten dürfen, sobald sich in denselben jene Irrlehren befinden. Es sollte bei Zuwiderhandlungen die Confiscation erfolgen und Strafen bis zur Todesstrafe von den Inquisitoren, in anderen Orten von den Ordinarien verhängt werden. Diese Massregeln wurden eingeführt, weil in der Vergangenheit vorgekommen, dass einige Correctoren, durch Geschenke der Juden verführt, aus Unwissenheit oder aus Trägheit, ihres Censoramtes sehr nachlässig gewaltet haben. Borromeo versteigt sich dann zu der wahnsinnigen Behauptung, dass hierdurch in jenen Büchern Stellen mit Lästerungen, Ketzereien, Narrheiten und Lügen gegen Gott und sein heiliges Gesetz erhalten geblieben seien, in dem Maasse, wie selbst die Türken und die Saracenen und andere barbarischen Völker der Erde sie nicht aussprechen würden.

Dies Alles soll nur zur Verherrlichung Clemens' VIII. mit seinem Verbote dienen, der sogar zum Heile der Juden selbst ihnen alle diese Bücher entzogen habe, natürlich, ohne auch nur mit einer Silbe zu erwähnen, wie bereits ein Jahr später derselbe Papst die Censur wieder gestattet und auch geregelt hat[1]).

Pius V. erscheint ihm als der wahre Gottesmann, der, ausgerüstet[2]) mit Eifer für den heiligen Glauben, daher geleitet vom heiligen Geiste, die Austreibung der Juden aus dem Kirchenstaate, mit Ausnahme von Rom, Ancona und Avignon anbefahl. Er hat damit eine Mahnung allen Denen gegeben, welche sich von Gott entfernen und sich noch immer weigern, in den Schooss der h. Kirche sich zu begeben.

---
¹) S. oben S. 8.
²) Armato di zelo della santa fede, onde guidato dallo Spirito santo.

Eine solche Sprache kennzeichnet zur Genüge den eifervollen Diener der ecclesia militans, der im weiteren Verfolg seiner Darstellung noch mit besonderer Genugthuung auf die Vertreibung der Juden aus Spanien, Frankreich, Genua und England hinweist. Alle Häresie und Ketzerei in der Welt komme von den Juden und ihren Büchern her, die ihnen daher mit Ausnahme der Bibel ganz zu verbieten seien, gemäss jener Bulle Clemens VIII.

Soweit haben wir Carlo Borromeo in seinem unauslöschlichem Judenhasse gezeigt. In der ersten Ueberschrift seines Berichts (s. oben S. 44) wird er als Neofit bezeichnet; denn so heisst es: „Bibliotheca Vallicellana Cod. P. 44. Opere di Carlo Borromeo — Neofito — o gia Ebreo — Scrittore Ebraico della Bibliot. Vaticana nel Pontificato di Clemente VIII".

Wir wissen nicht, ob diese Angabe richtig sei; denn wir haben bereits an einigen Beispielen [1]) erwiesen, dass man bei solchen Angaben oft misstrauisch sein müsse. Es war leicht, zur Verherrlichung der Kirche jeden mit der hebräischen Litteratur und Sprache vertrauten Lector oder Scriptor später als „Neofiten" auszugeben.

Uebrigens den schauerlichsten Character eines Apostaten voller Gift und Galle gegen seine früheren Stammesgenossen, lässt Carlo Borromeo vollständig erkennen, nur nicht eine besondere Kenntniss der rabbinischen Literatur, für die er, nach seinen lateinischen Citaten zu schliessen, aus secundären Quellen, Rath und Belehrung sich erholt.

Mehrere andere schriftliche Materialien wie auch die Auslegung einiger Psalmen, welche in denselben Fascikel als Arbeiten Borromeo's bezeichnet werden, lassen überall nur die eine Tendenz erkennen: die Juden und das Schriftthum derselben zu verdammen.

Was Carlo Borromeo viele Jahre hindurch während des 17. Jahrhunderts auf dem literarischen Gebiete des Judenhasses geleistet hat, wird im folgenden Jahrhundert, wenn auch nicht an Intensität dieser Geistesverwirrung, doch bei einer grösseren Kenntniss von der jüdischen Literatur[2]) durch Antonio Costanzi übertroffen. Er ist als der Gewaltherrscher auf dem Gebiete der Censur und Bücher-Confiscationen zu bezeichnen, dessen Urteile und Anordnungen oft auch dem obersten Tribunal der Inquisition zu hart erschienen, und das daher zuweilen eine gemässigtere Praxis dafür eintreten liess.

Die Thätigkeit des Costanzi während mehrerer Decennien des 18. Jahrhunderts lernen wir in den vorliegenden Materialien[3]) genügend kennen.

---

[1]) S. oben S. 23 und in unserer Schrift: Aus schweren Zeiten S. 11.
[2]) Für die allerdings inzwischen Julius Bartolocci durch sein grosses Werk: Biblioteca rabbinica mehr gesorgt hatte.
[3]) S. die Vorbemerkungen.

Es ist auch bereits oben[1]) vielfach von ihm die Rede gewesen; wir wollen nunmehr seine weitere Thätigkeit zur Darstellung bringen.

Von Antonio Costanzi ist eine besondere Instruction für die Behandlung der rabbinischen Bücher vorhanden, welche unterm 16. Juni 1758 von Gius. Assemani als „mit vorzüglicher Klarheit ausgearbeitet" bezeichnet und gebilligt wurde.

Nach dieser Instruction wurden sämmtliche Bücher in drei Klassen getheilt.

In die erste Klasse wurde die heilige Schrift gesetzt, welche von der katholischen Kirche von jeher nicht allein erlaubt und geduldet, vielmehr auch durch ihre Prophezeiungen als eine werthvolle Urkunde für die Wahrheit der christlichen Religion angesehen wurde.

Dagegen sind die Schriften der zweiten Klasse immer verdammt und den Flammen preisgegeben worden. Es sind die beiden Talmude, welche verschiedene Päpste, von Gregor IX. an, in ihren apostolischen Erlassen verurteilt haben.

Besondere Schwierigkeiten boten immer die Bücher der dritten Klasse, welche die religiösen Vorschriften oder Ceremonien behandeln und die Bücher des alten Testaments erklären.

Daher wurden in der Bulle Clemens' VIII. vom 28. Februar 1592 [2]) alle Bücher der Juden, mit Ausnahme der heiligen Schrift, verboten. Doch wandten sich die Juden an denselben Papst mit der Bitte, ihnen gewisse Bücher, nachdem sie gehörig geprüft und corrigiert worden seien, zu gestatten. Der Papst gewährte diese Bitte durch ein Breve, welches allerdings nirgends gedruckt erschienen ist; allein es ist an der Existenz desselben nicht zu zweifeln, nachdem der Cardinal von Cremona in seinem Briefe an den Cardinal Palotto die näheren Angaben erwähnt und Albizzi hierüber eine Notiz bringt[3]). Letzterer führt auch in No. 307 seines Werkes ein Decret der Inquisition vom 18. Mai 1596 an, welches auf Grund des zweiten Breve befiehlt, dass die Juden selbst ihre Bücher reinigen lassen müssen, sonst werden diese Bücher den Flammen übergeben und die nachlässigen Revisoren mit schweren Strafen belegt werden.

Es ist daher eine falsche Ansicht Seitens der Juden, dass alle die rabbinischen Bücher ohne Weiteres zu gestatten seien, wie auch manche Katholiken irren, wenn sie glauben, dass alle Bücher der Juden im Allgemeinen verboten, somit keine Correcturen derselben zulässig seien. Alles zu gestatten, würde eine Gefahr für die katholische Kirche sein; Alles zu verbieten, würde die Juden zum Atheismus führen. Es ist allerdings nicht in Abrede zu stellen, dass an manchen Orten die Correctur der hebräischen

---

[1]) S. 21 ff.
[2]) S. oben S. 9.
[3]) S. oben S. 8.

Bücher nicht ausgeführt werden kann, weil Niemand da ist, der mit dem Styl der rabbinischen Schriften, mit ihrer Sprache und ihren Abbreviaturen vertraut ist. Daher ist auch ein besonderes Werk als Anleitung für die Ausbesserung dieser Bücher in dem „Zikuk" betitelten Buche hergestellt worden, in welchem 450 rabbinische Bücher berücksichtigt sind, indem bei jedem derselben genau angegeben ist, welche Stellen ganz zu streichen oder zu verändern sind. Allgemeine Regeln, welche diesem Werke vorausgeschickt sind, geben zugleich die Anleitung, wie auch andere Werke, welche nicht speciell verzeichnet sind, zu behandeln sein werden. Ein Exemplar dieses Buches befindet sich in der Vaticanischen Bibliothek, ein anderes in der Barberina. Auch Cardinal Gotti besass ein Exemplar, welches jetzt mit anderen Büchern seiner ehemaligen Bibliothek in dem Convent zu Bologna aufbewahrt wird.

Antonio Costanzi, Revisor der hebräischen und rabbinischen Bücher bei der höchsten Inquisition in Rom hatte bereits in Folge eines Auftrages Benedetto's XIV. vom 30. November 1747 mehrere rabbinische Bücher, welche im Zikuk nicht enthalten sind, für einen Nachtrag zu demselben in gleicher Weise behandelt. Die betreffenden schriftlichen Materialien befanden sich zuerst in Händen des Assessors Monsignore Guglielmi, dann in Händen des gegenwärtigen Assessors beim heiligen Tribunal, Monsignore Valenti.

Nach dem Plane Costanzi's würde das ursprüngliche Werk mit diesen Nachträgen einen Index expurgatorius[1]) nach dem Muster des von der spanischen Inquisition hergestellten bilden[2]).

In dem Zikuk werden die erlaubten Bücher nicht weiter zu behandeln sein; immerhin müssen die Juden auch bei diesen stets darauf halten, dass sie mit dem Vermerk des Revisors versehen werden. Dagegen wird die vollste Aufmerksamkeit der grossen Menge von Schriften der beiden anderen Klassen zuzuwenden sein.

Der erste Teil wird, nachdem die allgemeinen Regeln aufgestellt sind, diejenigen Bücher enthalten, welche nach genauer Correctur den Juden gestattet werden können. Bei einem jeden solchen Buche müssen die Edition, auch die Seiten und die Zeilen, welche die zu streichenden Worte enthalten, angegeben werden und diese Worte können zugleich italienisch oder lateinisch übersetzt werden.

Der zweite Teil wird alle die Bücher enthalten, welche durchaus zu verbieten sind, weil sie als ganz ungeeignet für eine Correctur zu erachten sind. Man kann sich leicht vorstellen, wie nützlich ein solches Werk sein

---

[1]) Für die nichtjüdischen Bücher wurde 1607 ebenfalls ein Index expurgatorius hergestellt, den der Dominicaner Giammaria Guanzello herausgegeben hat.
[2]) Die Einrichtungen der spanischen Inquisition galten oft in Rom als nachahmenswerth.

wird, denn nach der darin gegebenen Anleitung wird ein jeder Inquisitor, auch wenn er in der rabbinischen Sprache nicht so sehr bewandert ist, ein jedes Buch der Juden sicher beurteilen können, um es in eine der drei Categorie'n zu bringen.

Allerdings kann der Revisor Costanzi nur dann ein so mühsames Werk ausführen, und Abschriften hiervon anfertigen lassen, wenn ihm ein angemessenes Honorar hiefür bewilligt wird. — Costanzi hatte sich bereits bei der grossen Bücher-Confiscation i. J. 1753 als eine bedeutende Capacität für die Angelegenheit dieser Verfolgung erwiesen.

Nachdem zuerst in Rom (s. oben S. 26) die traurige Execution vollführt worden war, wurde die weitere Behandlung derselben in die Hände Costanzi's gelegt. Wo er nicht persönlich die Durchsuchung des Ghetto in den anderen jüdischen Gemeinden des Kirchenstaates leiten konnte, mussten die confiscierten Bücher an ihn nach Rom gesandt werden, damit er dieselben mit den Catalogen und den Berichten der Orts-Inquisitoren vergleiche, wobei sich oft eine grosse Meinungsverschiedenheit herausstellte. Denn nicht selten hatten jene Censoren bei der ersten Aufnahme ein Buch in diese oder jene Klasse gebracht, welches nach Costanzi's massgebenderem Urteil in eine andere Klasse gehörte. Letzterer musste dabei jedes Mal die Motive näher entwickeln, welche ihn zu diesem abweichenden Votum veranlassten, um in zweifelhaten Fällen noch die Entscheidung des h. Tribunals einzuholen. So z. B. hatte Costanzi in dem Catalog der in Avignon weggenommenen Bücher mehrere talmudische Bücher in der zweiten Klasse aufgeführt gefunden, die somit als „verbesserlich" ausgegeben wurden, während sie in die dritte Klasse zu versetzen und daher ganz zu unterdrücken waren.

Ebenso gehört ein gewisses kleines Buch, betitelt Chissuk Emuna, welches die christliche Religion bekämpft und die schrecklichsten Lästerungen gegen dieselbe enthält, dahin. Costanzi beeilte sich dem h. Tribunal hiervon einen dritten Bericht zu geben, worauf diese sofort der Inquisition zu Avignon aufgab, die Bücher nach Rom zu senden und ohne Verzug gegen die Besitzer derselben den Prozess zu eröffnen, der zur Zeit vor dem h. Tribunal in Rom noch schwebt. (S. noch weiter S. 56).

Wir haben bereits oben (S. 22 ff.) einige Proben von Costanzi's Motiven für sein Urteil über die einzelnen Schriften gegeben. Wenn wir jetzt hierauf etwas näher zurückkommen, so geschieht es, um zu constatieren, dass er nur wenig Gelegenheit findet, auf die antichristliche Tendenz der Schriften einzugehen, vielmehr die Absurditäten gewisser Materialien aus dem kabbalistischen Schriftthum aufzudecken. Leider bot sich ihm hierzu eine sehr reichhaltige Litteratur dar. Seit den Umtrieben Sabbatai Zebi's und seiner Nachtreter waren vom Oriente aus vorzüglich nach Italien viele Schriften, speciell in Form von Tractätlein, in die Massen eingedrungen, welche durchaus jüdische Lehre und Anschauung schädigten und jüdisches Leben inficierten. Am gefährlichsten wirkte schon die äussere Bezeichnung, mit welcher sich diese Pseudo-Wissenschaft wie mit einem Nimbus umgab. Sie nannte sich seit einer gewissen Zeit fälschlicher Weise „Kabbala", womit man ursprünglich nur „die prophetischen Schriften" und „das tradirte halachische Gesetz" bezeichnet, um auch sich selbst die geheiligte Autorität einer alten Tradition anzueignen.

Da war es für Costanzi sehr leicht, alle Schriften dieser Litteratur, vom grossen Folianten des Emek ha Melech an bis zum Sedez-Büchlein des „Schimmusch Thillim". Alles als Kabbala, d. h. als uralte Tradition der Juden zu betrachten und daher neben den Talmud als Parallele zu stellen. Vergebens wandte sich der Rabbiner Corcos gegen eine solche Auffassung. Costanzi hielt diese als die allein richtige fest, wie wir bereits oben (S. 24) gehört haben; ihm galt Alles als „Lehre der Juden".

Als besonderen Anlass galt ihm ein Buch zu verbieten, wenn sich darin andere Engelsnamen als die in der h. Schrift erwähnten befanden. Der Rabbiner Corcos hatte eingewendet[1]), dass ausser den drei Namen in der Schrift Michael, Gabriel und Raphael[2]) nur solche Namen vorkommen, welche auf אל oder יה sich endigen, somit den Namen Gottes zugleich enthalten. Costanzi wollte diesen Einwand nicht gelten lassen, da auch Samael als Oberhaupt der Dämonen genannt werde, ebenso Asael und viele der anderen 72 Namen von Engeln, welche Bartolocci in seiner Biblioteca rabb. p. 228 aus kabbalistischen Schriften zusammengestellt hat. Derselbe hat dort auch (p. 231) ein Decret des Papstes Zacharias, welches im römischen Concil v. J. 745 publicirt worden ist, mitgetheilt, nach welchem nur die drei Engelnamen in der Schrift anzuerkennen seien.

Costanzi weiss allerdings nicht, oder will es nicht wissen, dass die anderen Kirchen solche specielle Engelanrufungen allgemein eingeführt und dass diese gerade durch die seit dem Ende des zehnten Jahrhunderts den Römern entlehnten Heiligsprechungen am meisten zu diesem Usus beigetragen haben. Später wurde die ganze bewohnte Erde sammt allen Gewerben unter das Patronat bestimmter Engel und Heiligen vertheilt[3]), und zu welchen Heiligen- Reliquien- und Bilder-Verehrungen dies geführt hat, daran hat Costanzi nicht denken mögen. Uebrigens haben erleuchtete jüdische Geister

---

[1]) Corcos verbreitet sich des Näheren hierüber in seiner Schrift über die Mesusa, betitelt: Spiegazione ovvero Riflessione sopro l'usa delle pergamene scritte etc. etc. Rimini 1713.

[2]) Dieser erscheint in der Schrift nur als Name eines Menschen, im 1. Buche der Chronik 27,7; dagegen aber im Buche Tobia 3,25 als Engel.

[3]) S. die bei Zunz: Synagogale Poesie (S. 148 Note d) hiefür erwähnten katholischen Schriften.

zu allen Zeiten gegen die von mancher Seite her eingeführten directen Engels-Anrufungen stark geeifert[1]).

Was aber die allgemeinen Erwähnungen von Engeln in jüdischen Hagada's oder Gebeten betrifft, so konnte mit aller Strenge der jüdischen Einheitslehre der Glaube an den Schutz, an die Freundschaft von Engeln, bestehen [2]). „Weinen sie ja bei Isaac's Opfer und bei allen Leiden, die seine Nachkommen treffen, preisen Gott in der heiligen Sprache, geleiten die Seelen in die Wohnstätte des Friedens, bringen die Gebete der Gemeinden vor Gott, flehen den Zürnenden an, und dann gehen vom Thore Gottes feurige Worte aus: „Heil euch, Anwälte meiner Kinder! Preis euch, die ihr an das Verdienst der Väter mahnet".

Selbst die kabbalistische Hinneigung zu Einzel-Anrufungen von Engelnamen, die aus Zahlen- oder Buchstaben-Combinationen geschaffen wurden, hat wohl die jüdische Anschauung und Lehre trüben können, sie hat aber niemals auch nur die leiseste Spur einer göttlichen Verehrung ausser dem Einig-Einzigen und Unsichtbaren, wie anderswo, aufkommen lassen.

Im weiteren Verlaufe der Revue, welche Costanzi über kabbalistische Schriftwerke hält, lässt er seine schreckliche Ignoranz erkennen, indem er den Titel des von Akiba Beer in zweiter Auflage herausgegebenen Gebetbuches (Sulzbach 1707) מהדורא בתרא של עבודת בורא übersetzt: „Secolo posteriore del culto del Creatore, che altro non significa, se non la maniere di onorare Iddio in questi ultimi tempi". Somit hat er מהדורא בתרא als „das letzte Jahrhundert" aufgefasst, im Zusammenhang mit den folgenden Wörtern של עבודת בורא gebracht, und darauf hin erklärt: „Die Art, Gott in diesen letzten Zeiten zu verehren"!

Eine grosse Aufmerksamkeit widmet Costanzi der Subrevision, welche er für die eingegangenen Berichte über die confiscierten Bücher anstellt. Jedes Buch erscheint ihm da als ein corpus delicti, dessen Aburteilung mit einem solchen Ernst und Eifer betrieben wird, als beträfe es die Existenz oder den Untergang eines ganzen Staatswesens.

Der Revisor von Ferrara, Pater Ruffini, hatte in seinem Schreiben vom 19. December 1753 an die Inquisition in Rom u. A. empfohlen, den Juden solche kabbalistische Bücher, welche nur speculativen Inhalts sind (im Gegensatz zu denen, welche die practische Kabbala behandeln), zu belassen, weil manchmal Beweise für die christliche Religion darin enthalten seien. Man kann diese Ansicht gelten lassen, ergänzte Costanzi, so lange nicht solche Bücher zugleich abergläubische Dinge enthalten oder irgend Etwas, das der heiligen Schrift oder der Wahrheit der katholischen Religion widerspricht, behandeln. Daher ist es durchaus nöthig, solche

---

[1]) S. eine Anzahl von Belegen, die noch vermehrt werden können, bei Zunz a. a. O.
[2]) Zunz a. a. O.

Schriften genau zu prüfen; denn unter dem Scheine einer speculativen Idee kann gerade der Keim zu einem giftvollen Geheimniss gehegt werden.

Im Gegensatze zu einer anderen Meinung des Pater Revisor[1]) erklärt sich Costanzi nicht damit einverstanden, dass alle Schriften Abarbanels zu verbieten seien, auch diejenigen, in denen nichts gegen den christlichen Glauben zu finden sei, weil der Verfasser einmal im übeln Geruche stehe. Dieses persönliche Motiv „in odium autoris" allein kann durchaus nicht bei der Beurteilung einer Schrift massgebend sein.

In solcher Weise müsste mit gleicher Strenge gegen eine grosse Anzahl von anderen Rabbinen und alle ihre Schriften vorgegangen werden, nachdem sie einmal wegen einer Schrift im Index v. J. 1751 figurieren. Kein katholischer Autor hat bis jetzt eine solche Ansicht ausgesprochen, dass nämlich auch die unverfängliche Schrift eines Rabbiners, von dem aber eine andere Schrift schon im Index steht, zu verbieten sei.

Einen zweiten Angriff richtet Costanzi gegen den Bericht des Revisors in Ferrara, indem er die Behauptung aufstellt, dass der Letztere die früheren Indices von 1738 und 1748 nicht berücksichtigt habe, wodurch bedeutende Differenzen in der letzten Beurteilung der hebräischen Schriften sich gebildet haben. Costanzi veranschaulicht dies durch eine speziellere Tabelle, die wir hier folgen lassen.

1753	1748	1738	
wieder erlaubt	verboten.	erlaubt.	אברבנאל על התורה
—	—	—	אשרי
—	—	—	באר שבע
—	—	—	בחיי
verboten.	—	—	בית יהודה לעין ישראל
—	—	—	דרך ישר
—	—	—	דרש משה
wieder erlaubt	—	—	רסב״ם קטן וגדול
wiederum verboten	—	—	זוהר חוזר חדש
—	—	—	זכרון תורת משה
—	—	—	חדושים[2])
—	—	—	חכמת שלמה
—	—	—	יפה מראה
verboten.	erlaubt	—	ילקוט שמעוני
—	verboten	—	— ראובני
—	erlaubt	—	— חדש
—	—	—	כונת שלמה
erlaubt	—	—	כלי חמדה
—.	—	—	כלי פז
[3])	verboten	—	כלי יקר

[1]) Siehe S. 56.
[2]) Verschiedene Novellen zum Talmud.
[3]) Hierbei wird bemerkt, dass bei dem dritten Buche dieser Gattung keine

1753	1748	1738	
wieder verboten	verboten	erlaubt	כפתור ופרח[1]
—	—	—	לחם שערים
—	—	—	לקוטי שכחה ופאה
—	—	—	מאיר פני חכמים
—	—[2])	—	מאור עינים[2])
—	—	—	מהרי נמרים
—	—	—	מעלה רצון
wieder erlaubt	—	—	כטרת המאור
—	—	—	מעשה השם
—	—	—	מבחר גדולה
—	—	—	משנת חסידים
—	—	—	נהר פישון
—	—[4])	—	עברת זקנים
			עין ישראל }
—	—	—	עין יעקב }
			עיני הישועה
			מרכבה המשנה
			משמיע ישועה[5])
Gegenwärtig nicht weiter registrirt, ob ja oder nein.	—	—	עמודי שבעה
	verboten	—	יעצמות יוסף
verboten		—	עקידה
			פירוש התורה
			— הגביאים
			— תהלים
			— כתובים
—	—		—חמש מגילות }
Ohne weitere Entscheidung, daher noch näher zu unterscheiden, welche davon zu verbieten seien.			
wieder erlaubt	verboten	erlaubt	קהלת יעקב
—	—	—	ראש יוסף
—	—	—	ראב"ן (אבן העזר)
—	—	—	רי"ף (קטן וגדול)
—	—	—	רצוף אהבה
—	—	—	תולדות יעקב
—	—	—	תולדות יצחק
..	—	—	תפארת שמואל

weitere Bemerkung erfolgt sei, daher noch die Entscheidung zu suspendieren sei. Der Revisor fügt hinzu, es seien entweder alle drei zu verbieten oder alle drei zu gestatten.

[1]) Der Revisor bemerkt, es giebt zwei Bücher dieses Titels; das eine enthält דינים (von Farchi) und ist vielleicht zu gestatten; das andere (von Luzzatto) handelt von den Agada's und ist seines inficirenden Inhalts wegen von jenem wohl zu unterscheiden.

[2]) Zu unterscheiden, das so betitelte Werk von de Rossi von dem gleichbetitelten des Pinto; letzteres, ein Commentar zum En Jacob, ist noch zu beurteilen.

[3]) Beide Bücher sind zu unterdrücken.

[4]) Zugleich werden die anderen Werke Abarbanels hinzugefügt.

[5]) Vgl. weiter eine nähere Notiz hierüber.

Noch werden zwei grössere Bemerkungen des Revisors hinzugefügt: Die eine Bemerkung betrifft die Schriften Abarbanel's (s. oben) die, wie Costanzi berichtet, gemäss der Instruction dieses Jahres wieder zugelassen werden sollten. Allein es sei Abarbanel einer der heftigsten Schriftsteller gegen den katholischen Glauben, weshalb der Revisor Anstand nehme, nach jener Instruction zu handeln. Er hatte sich vielmehr verpflichtet, diese Angelegenheit dem h. Tribunal zur endgültigen Entscheidung vorzulegen.

Die zweite Bemerkung betrifft ein kleines Buch, „welches bei der gegenwärtigen Untersuchung nicht vorliegt, das aber zu den verwerflichsten Schriften gehört, welche jemals aus dem verruchten Judenthume an Tageslicht getreten ist. Es wird gewöhnlich Alteca Boteca von dem hebräischen אל תהי כאבותיך genannt, und war bereits von alters her von der h. Congregation verboten, indem die Schrift zur Vernichtung durchs Feuer verurteilt wurde, wie noch jetzt verfahren wird. Auch ist bereits in der Vorrede des Buches eine Notiz zu lesen, wie ich mich aus meiner Jugend zu erinnern weiss, welche Strafe den Besitzer dieses Buches treffe. Ich weiss nicht, wo es gedruckt worden ist, aber ich weiss mich genau zu erinnern, dass es eine fortlaufende höchst beleidigende Provocation enthält, welche in philosophischer Weise die Grundlehren und Mysterien unseres heiligen Glaubens ganz und gar zerstören will".

[Es ist leicht zu erkennen, dass Costanzi's Verdammungsurteil die Schrift Prophiat Duran's betrifft, welche von den Christen, indem sie die Anfangsworte אל תהי כאבותיך corrumpierten, Alteca Boteca genannt wurde. Duran antwortet einem früheren engen Freunde, der zum Christenthum übergetreten war und auch den Duran zu demselben Schritte verleiten wollte, in einem Schreiben, das in feiner Ironie den Abfall David Bonet Bongiorno's — so hiess der Apostat — geisselt.

Da jeder Absatz darin mit „Sei nicht wie deine Väter beginnt", so konnten die betreffenden hebräischen Worte zu jenem corrumpirten Titel führen. Der richtige Titel lautet: אגרת.

Die Schrift ist zum ersten Male in einem Sammelbande, Constant, wahrscheinlich 1570 erschienen und zum zweiten Male in einem anderen Sammelbande קובץ ויכוחים von A. Ginzberg, Breslau 1844 edirt worden.]

Auch gegen die Berichte, welche aus den ausserhalb des römischen Kirchenstaates belegenen Provinzen eingegangen waren (s. oben S. 43) wendet sich Costanzi, um seine Kritik daran zu üben.

In Betreff der Schriften Abarbanels bedarf es einer genaueren Angabe derselben; da nicht alle zu verbieten seien [1]).

Das Buch „Chisuk Emuna"[2]) wird einer Analyse unterworfen, aus der das Resultat hervorgeht: Es ist eine der ruchlosesten Schriften, die je aus den Händen der Juden hervorgegangen, und die sie aber sehr sorgfältig aufbewahren, auch in die deutsche und spanische Sprache übersetzt und mit jüdischen Lettern gedruckt haben. Das Buch muss unverzüglich nach Rom gesandt werden.

Bei einem Buche ist der Titel ungenau, nur mit מעשה, angegeben. Wahrscheinlich aber betrifft es die Geschichten aus dem Sohar; daher muss es zurückbehalten werden. Ebenso das Buch נגיד ומצוה, welches voller Aberglauben und Kabbala ist und dazu gehören auch שערי ציון u. לוחת הברית שני.

---
[1]) S. oben S. 54 Costanzi's Urteil.
[2]) Von dem Karäer Isac b. Abraham aus Troki 1593 zur Verteidigung des jüdischen Glaubens gegen christliche Angriffe verfasst. S. auch oben S. 51.

In Betreff eines alten Manuscripts, dessen Inhalt Niemand zu ermitteln verstand, ist der Befehl zu ertheilen, dass es nach Rom geschickt werde. In den drei Ballen¹), welche beschlagnahmt worden sind, dürfte der ganze Talmud mit seinen Commentaren zu vermuthen sein. Alles sei nach Rom zu schaffen! Von allen den aus der Grafschaft Avignon eingesandten Catalogen könnte erst nach erfolgter Autopsie von den Werken selbst ein ausreichender Bericht gegeben werden.

Dem Costanzi an Strenge und Eifer gleich ist nur noch Philipp Maria Peruzzotti, vom Orden der Praedicatoren im Convent der Dominicaner zu Lugo, zu nennen. Von ihm rührt das grosse Verzeichniss von Büchern her (oben S. 35), welche in Lugo confiscirt worden sind. Sein begleitender Bericht athmet denselben Geist und lässt denselben Hass gegen die Juden erkennen, so dass es nicht nöthig sein dürfte, auf ihn näher einzugehen. Nur einen neuen Punkt treffen wir bei ihm: er traut auch dem bereits von früheren Revisoren am Schlusse eines jeden Werkes gegebenen Vermerk nicht. „Ich habe wohl in vielen Büchern, berichtet er nach Rom, verschiedene Namen von Revisoren bemerkt, dennoch aber fand ich darin keine Spur von irgend einer getilgten Stelle, höchstens nur eine solche von geringer Bedeutung. Dahingegen blieben alle die grössten Verstösse und talmudische Doctrinen darin unbeanstandet, weshalb ich daraus folgere, dass entweder die Namen der Revisoren untergeschoben oder erdacht seien, oder dass untergeschobene und falsche Indices bei der Prüfung der Bücher vorgelegen haben. Dies entnehme ich auch aus der von mir gemachten Beobachtung, dass viele Revisoren in noch verbotenen Büchern aus der ersten Classe unterzeichnet gefunden werden. So finde ich im Buche יפה מראה die Unterschrift des Domenico Jeruschalmi aus dem Jahre 1600, als corrigiert dagegen vom Jahre 1618, gemäss der Bulle des Papstes Clemens VIII hinterher angegeben. In gleicher Weise bemerkt man im Buche כמחוז ופרח die Unterschriften von 4 Revisoren, nämlich des Domenico Jeruschalmi 1597, des Alexander Scipio 1598, des Camillo Jaghel 1611, dann des Lorenz Tranquelli v. J. 1575 — und diesem hätte doch die Verordnung der früheren Päpste, Pauls IV. v. J. 1559 und Pius' V. v. J. 1566 bekannt sein müssen. Und doch finden sich nur drei Wörter von untergeordneter Bedeutung an zwei oder drei Stellen gestrichen, während alle die talmudischen Allegorie'n oder Erzählungen darin ausgemerzt zu werden verdienten. Ich gehe darin noch weiter: es sollte kein Unterschied gemacht werden, zwischen einem Buche mit dem Inhalt verschiedener talmudischer Erzählungen, welche die Majestät und Heiligkeit Gottes beleidigen, und allen anderen verzeichneten Schriften, sobald sie nur nach talmudischen Doctrinen abgefasst sind — sie sollten alle den Juden nicht mehr zurückgegeben werden.

---

¹) S. oben S. 43.

So wetteifern Costanzi und Peruzzotti miteinander, „die Gefahr für die Sicherheit und das Heil der Kirche durch das jüdische Schriftthum" fernzuhalten, und überbieten sich in den Mitteln, die Vernichtung des letzteren herbeizuführen. Allerdings wird nicht das jüdische Schriftthum allein als der Kirche gefährlich angesehen und darauf hin verdammt. Es theilen mit ihm das gleiche Schicksal viel tausende von Schriften, aus den verschiedensten Zeiten und Ländern, die ebenfalls in den Index kommen. Auch Copernicus' Lehre wird verboten, auch Galilei's Meinung wird verdammt — und doch bewegt sich die Erde! Denn der Index kommt zuletzt selbs in den Index; er wird dann nur noch als eine interessante Quelle für Geschichte und Litteratur benutzt, zugleich als lehrreiches Zeugniss für die Verirrung des menschlichen Geistes, aber auch für den Fortschritt wissenschaftlicher Cultur bewahrt!

V.

In den vorstehenden vier Abteilungen sind verschiedene Einzelheiten nur kurz behandelt worden, um nicht den Zusammenhang mit dem Ganzen zu sehr zu unterbrechen; daher wollen wir hier auf Manches etwas näher zurückkommen.

Ueber die Entstehung und Abfassung des Canon expurgationis, ספר הקיפוק genannt, ist oben S. 9, 21 u. 25 Einiges mitgetheilt, das jetzt ergänzt werden soll.

Von diesem Buche existieren 4 handschriftliche Exemplare, die dem Verfasser dieser Abhandlung durch Autopsie bekannt geworden sind.

Das eine Exemplar befindet sich in der Vaticana unter No. 273 und trägt die Ueberschrift aus dem Jahre 1596, wie sie oben S. 9 mitgetheilt ist. Wer Domenico Jeruschalmi's klobige, ungestaltete Handschrift aus den zahlreichen Censur-Bescheinigungen in hebräischen Druckwerken kennen gelernt hat, wird die Schriftzüge auch hier als von der Hand desselben herrührend, sofort erkennen. Das Ganze ist sein Werk, dem er in salbungsvollen Worten das hebräische Gebet vorausschickt, „dass Gott ihm zum Beistand werde, zu eifern für den Glauben" u. s. w. „zu erleuchten die Augen des Volkes, welches im Finstern wandelt" u. s. w.

Das zweite Exemplar, aus dem Besitze des Rabbiners Marco Mortara in Mantua jetzt in den Besitz der Alliance-Bibliothek in Paris übergegangen[1])

---

[1]) Ich ergreife gern die Gelegenheit, meinem gelehrten Freunde Herrn Isidor Loeb den verbindlichsten Dank für die Freundlichkeit abzustatten, mit der er mir die Benutzung dieser Handschrift ermöglicht hat.

scheint etwas älter zu sein als das vorhergehende. Es trägt zwar dasselbe Datum an der Spitze; doch bemerkt man sowohl bei demselben als auch an verschiedenen Stellen des eigentlichen Inhalts die ausbessernde Hand Domenico's, die auch den vorausgeschickten Index geschrieben hat, während am Werke selbst verschiedene Hände gearbeitet haben. Sonst aber sind beide Exemplare sowohl in äusserer Gestaltung des Formats als auch in der innern Anordnung, wie auch im ganzen Material, das darin zur Behandlung gelangt ist, vollkommen gleich. Es scheint, dass das Exemplar aus Mantua, wo überhaupt der erste Entwurf entstand [1]), das ursprüngliche Werk des anonymen Capuziners enthält, somit 1594 (s. oben S. 9) vollendet, und hinterher (1596) von Domenico verbessert worden ist.

Ein ähnliches Verhältniss waltet wieder zwischen den beiden anderen Exemplaren ob.

Das dritte Exemplar, welches in der Barberina unter VI,82 sich befindet, enthält bereits eine mehrfache Erweiterung des Materials und eine Aenderung in der Einleitung, die nicht, wie bei den oben erwähnten Exemplaren, mit den allgemeinen Regeln und Grundsätzen für die Correcturen beginnt, sondern mit der Bulle Clemens' VIII. und mit einigen Auszügen aus der Biblioteca sancta des Sixtus Senensis. Die Einzelwerke beginnen mit אגרת הקדש 'ס und endigen mit תחכמוני 'ס, während die beiden anderen Handschriften mit dem צרור המור 'ס beginnen und mit ס' סליחות endigen.

Die Zahl der darin behandelten Werke ist eine grössere als in den anderen beiden Exemplaren. Der von Domenico Jeruschalmi beigefügte Anhang erweitert die Aufgabe des Buches, indem die bis zum Jahre 1619 erschienenen Werke aus der jüdischen Litteratur darin Aufnahme finden.

Das vierte Exemplar, welches von dem Cardinal Gotti an die Kloster-Bibliothek der Dominicaner in Bologna geschenkt wurde und jetzt dort in der Universitäts-Bibliothek sich befindet, bildet eine Reinschrift des Werkes, in musterhafter Anordnung des Stoffes und in herrlicher calligraphischer Ausstattung. Wahrscheinlich hat zur Herstellung dieser Recension die dritte Handschrift als Vorlage gedient. Beide haben eine und dieselbe Widmung, nämlich an den Herzog von Modena und Reggio, und beide tragen einen und denselben lateinischen Titel, und zwar mit folgenden Worten: „Index vanitatum multarum expurgandarum a libris Hebraeorum praecipue in tribus glosis nempe Chaldaica, Hierosolimitana ac Babilonica, nec non in omnibus commentariis Rabbinorum collectus à R. P. F. Renatos Sacerdote Mutinense ord. Minorum S. Francisci Cappuccinorum, occasione sumptâ in dictorum libr. correctione factâ Anni Dni 1626".

Durch diesen Renatus, den Cappuciner, hat das Werk 1626 seinen Abschluss gefunden. Begründet wurde es 1594 durch einen anonymen Cap-

---

[1]) S. Hebräische Bibliographie, Jahrg. V. S. 75 ff.

puciner und corrigiert 1596 durch Domenico Jeruschalmi, der es auch allmälig erweitert und ergänzt hat[1].

Wie Costanzi eine Uebersetzung des Werkes und die Fortführung desselben bis auf seine Zeit geplant hat, haben wir bereits oben S. 50 ff. näher gehört. Einen Anfang hierzu hat er in der That gemacht; denn Picco E. (s. die Vorbemerkungen zu dieser Abhandlung) enthält seine italienische Uebersetzung der allgemeinen Regeln, welche dem ס׳ הרקוף in hebräischer Sprache vorangehen, mit begleitenden Noten, in denen einzelne literarische oder technische Ausdrücke erläutert werden. Hierbei nimmt er auch auf eine andere Schrift, die er bereits verfasst hat, Bezug. Wahrscheinlich ist dies sein Buch: „La verità della Religione cristiana contro le vane lusinghe dei moderni Ebrei", welches von Spano in seiner Storia degli Ebrei di Sardegna, 1875 angeführt wird[2]).

Die Berufung auf Mose Chagis und sein Buch (S. 15) giebt uns Veranlassung, die ganze Auseinandersetzung, dass der Jude in Folge der göttlichen Vorschrift verpflichtet sei, das Wohl des Landes, in welchem er wohnt, und das Heil der Bewohner desselben zu fördern, hier folgen zu lassen: „Wenn uns Gott befohlen hat, (Deut. 23, 8--9) die Aegypter, die uns knechteten, unsere Kinder ertränkten, und uns in der Wüste verfolgten, und die Edomiter, die uns verfolgten und uns zu vertilgen strebten, nicht zu verabscheuen, vielmehr ihnen Gutes zu erweisen, weil wir in ihrem Lande Gastfreundschaft genossen haben, um wie viel mehr müssen wir den Völkern und den Fürsten, deren Wohlthaten wir in so reichem Maasse geniessen, das dankbarste Gefühl bewahren. In unserer Unterwürfigkeit, ihnen gegenüber, brauchen wir nicht Gott zu verlassen, der seine Gnade uns zugewendet hat, die uns Gunst in den Augen der mächtigen Könige und Fürsten in den Staaten und fernen Eilanden finden liess, überall, wo Juden unter ihrer Herrschaft, deren Glanz und Hoheit erhöht werden möge, ihres sicheren Schutzes geniessen. Denn durch die Gnade Gottes behandeln sie uns freundlich und gewähren uns die Freiheit, unserem Religions-Gesetze gemäss zu leben, wie es uns von Gott vorgeschrieben ist. Sind wir doch so glücklich in unseren Tagen zu sehen, wie Vater und Sohn, die frommen Kaiser, die im Paradiese jetzt weilen, welche die Vorgänger des gegenwärtigen erhabenen Kaisers, dessen Hoheit und Glanz erhöht werde, waren, in Verbindung mit den erhabenen Fürsten von Polen und Preussen, deren Hoheit für sie und ihre Nachkommen immerdar befestigt werde: dass sie vereint die Erlaubniss ertheilt haben, den Talmud von Neuem zu drucken,

---

[1]) Vgl. hierüber noch einzelne Mitteilungen bei Leonello Modona im Catalogo dei codici ebraici in Bologna S. 46 ff.
[2]) Von Steinschneider in seiner Letteratura antigiudaica im Vessillo isr. 1883 S. 313 erwähnt.

wie aus ihren Privilegien zu ersehen ist. Dies haben auch die berühmten Rabbiner in Posen und Frankfurt a. M. in ihren Approbationen, welche den Talmud-Ausgaben von Frankfurt a. O. und Berlin vorgedruckt sind, lobend hervorgehoben. Ich habe bereits anderweitig Beweise gegeben, wie nicht allein in Kreisen von lutherischen Gelehrten, sondern auch in solchen älterer Weisen, welche als Säulen des päpstlichen Glaubens angesehen werden, jüdische Gelehrte in Gunst und Wohlwollen standen, so dass sie nicht allein die Weisen des Talmud in ihren gesetzlichen Entscheidungen rühmend anerkennen, sondern auch als Fürsprecher und Beschützer für uns auftreten, besonders jenen Angreifern gegenüber, welche die allegorischen Partie'n des Talmud zum Gespötte machen. Da legen sie ein volles Zeugniss dafür ab, dass im Talmud Nichts enthalten sei, was irgendwie gegen die Landesgesetze verstossen könnte. Es wäre recht, dass man den Talmud in ihre Sprache und Schrift, ins Lateinische übersetzen möchte, damit ihre Professoren an den Hochschulen ihn vortragen könnten und daraus lernten, dass nichts Unrechtes darin zu finden sei, vielmehr Weisheit und Gottesfurcht darin sich ausprägen. Sie würden dann auch seine Methode kennen lernen, die mit der der philosophischen Weisen alter Zeit übereinstimmt, die in Bildern und Gleichnissen sprechen, um tiefe Wahrheiten zu verhüllen, die nicht Jedermann zugänglich sein können. Was jene christlichen Gelehrten anerkennend über die jüdischen Weisen geäussert haben, sollte die Finsterlinge beschämen, welche das Licht nicht gesehen haben, die keine Ahnung vom jüdischen Schriftthume haben und dennoch mit Spott über dasselbe herfallen und es verurteilen.

Gehen wir zu unserem Gegenstande zürück, um ausdrücklich darauf hinzuweisen, dass alle Verheissungen der göttlichen Lehre allen Königen, Fürsten und Weisen zuteil werden, die uns nicht allein geistige Freiheit für die ungehinderte Ausübung unseres schriftlichen und mündlichen Gesetzes gewähren, sondern auch leibliche Freiheit angedeihen lassen, dass wir uns für den materiellen Erwerb frei bewegen können. Dafür müssen wir gewiss dankbar sein und für ihr Wohl beten, dass der himmlische Vater sie vielfach segne, und dass wir ihnen treue Unterthanen seien. So ist es unsere Pflicht, wie die Thora sie uns gebietet, und so geziemt es uns, ihre Güte und Gnade dankbar anzuerkennen. Dies ist der Ursprung des allgemein in Israel eingeführten Brauches, an jedem Sabbat im öffentlichen Gottesdienst feierlichst, wenn die Thorarolle auf dem Altartische sich befindet, das Gebet für den Landesherrn und die Staatsregierung zu sprechen.

Jeder Thor aber, der das Gegentheil von uns behauptet, dass nämlich unsere heilige Lehre uns unterweise zu betrügen und zu stehlen, das Böse der Völker zu wollen und sie, Gott behüte! zu verfluchen, irrt sich und begeht eine schwere Sünde. Er ist gewiss ein Spross jenes Amalek, der Israel unaufhörlich verfolgte, Gottes Wege nicht kannte, wie der Herr gerecht ist in allen seinen Wegen, dass er durch seine heilige Lehre seine Kinder auf redliche Pfade leite, durch gerechte Satzungen und Vorschriften. Aus Liebe zu uns würde er uns nicht solche alberne Dinge (die die Judenfeinde uns andichten) befohlen haben, wodurch wir bei unseren Mitbürgern in Verruf kommen würden, die dann über uns herfallen könnten, um uns zu tödten, nachdem wir nur in geringer Zahl sind.

Dies ist der gerade Weg, den alle wahren Weisen in Israel betreten haben, und die Führer einer jeden Gemeinde zu allen Zeiten, dass sie das Volk den Weg des Rechts und der Redlichkeit leiten, wie aus vielen Schriften derselben zu ersehen ist. Man lese nur nach, was der Talmud im Tractat Kidduschin, Bl. 25 und im Tractat Baba Kamma Bl. 113 auf Grund von Bibelstellen als unbestrittenen Grundsatz hinstellt: Es ist ein biblisches Verbot, dem (heidnischen) Nichtjuden irgend etwas zu rauben, um wie viel mehr dem Christen. Wäre dies als Wahrheit in den Augen aller Völker und ihrer Herren offenbar und bekannt, dann würde Niemand missgünstig auf Israels Weisen und Führer sehen; allgemein würde man ihnen die Freiheit einräumen, das Religionsgesetz ohne Einschränkung zur Geltung zu bringen, welches geeignet ist, die hohe und die niedrige Welt so vollkommen zu gestalten, dass Nichts darin fehle. Trifft es sich nun, dass irgend ein Gegner und Feind der Juden der grossen Menge lügenhafte Dinge vorredet, so vertrauen wir auf die Gnade des Höchsten, in dessen Hand das Herz des Königs ist, dass ihre Häupter und Richter, wie auch alle Edlen im Lande werden in ihrer Weisheit, die ihnen Gott zugetheilt hat, dasselbe erkennen, was bereits die ihnen vorangegangenen Weisen erkannt haben. Denn Jeder, der da hetzt und agitiert gegen die Juden, indem er sie und ihre Werke verleumdet, wird sicher nur von verwerflichem Neid und blindem Hass geleitet. Er verräth zugleich, wie wenig er nicht allein vom Glauben und von der Weisheit unserer göttlichen Lehre besitzt, sondern auch, wie ihm menschliche Moral und Sitte abgehen — und dieser Defect führt ihn dazu, Beschuldigungen aus der Luft zu greifen und ein Ankläger gegen Israel zu werden. Dies Alles geschieht zuletzt nur, um sich mit den Mühen Anderer anzufüllen und nach ihrem Besitze zu greifen. Daher bürden sie den Juden auf, was niemals die heilige Schrift geboten oder wozu die menschliche Vernunft nie verpflichtet.

Wenn nun auf die Vorschrift in der Bibel (Deut. 20, 16) hingewiesen wird „Du sollst keine Seele leben lassen", so ist bereits vielfach erwiesen worden, dass hier von jenen sieben cananitischen Völker die Rede ist, die durch ihre Greuelthaten den Untergang verwirkt haben[1]). Ist ja ein deutlicher Schriftvers dafür vorhanden: Schütte aus deinen Grimm über die Völker, welche dich nicht erkennen und über die Reiche, die deinen Namen nicht

---

[1]) S. oben S. 16 und S. 17 Z. 10 v. u.

anrufen (Jirmejahu 10, 25). In der rabbinischen Sprache heisst ein solcher Götzendiener Nochri (von נכר = fremd), weil er sich dem himmlischen Vater entfremdet hat und die Fundamentallehren jeder Religion verleugnet.

Wer aber an das Dasein Gottes glaubt, an die Schöpfung der Welt aus Nichts, an die Prophezeiungen, an die Vergeltung, wie die Christen unserer Zeit, ist ein Anhänger des Religionsgesetzes, den wir in keiner Weise beschädigen dürfen. Sie erkennen. einen Gott an, der unser Aller Vater ist, sie beten ihn an — gewiss, ihnen gegenüber hat die heilige Schrift jede feindliche Gesinnung verboten.

Man beachte nur das Gebot der Bibel: Du sollst den Edomiten nicht verabscheuen, du sollst den Aegypter nicht verabscheuen. Ferner: Wenn du dich einer Stadt näherst, sie zu bekriegen, so rufe sie zum Frieden auf (Deut. 20,10). Wenn sie aber nicht Frieden macht und sie fällt in die Hände Israels, so hat die Thora angeordnet, dass bei der Belagerung eine Seite offen bleibe, damit ein Jeder, der sich retten möchte, freien Abzug erhalten könne, wie es Maimonides[1]) näher darstellt. Auch die 70 Festopfer, bei deren Darbringung im Tempel für das Wohl aller Völker gebetet wurde, erweist die friedliche Gesinnung, welche uns die heilige Lehre allen Völkern gegenüber einflösst. Selbst vom Baume, der bei einer Belagerung im Wege steht, hat die Schrift geboten: „Du sollst nicht ihr (der Stadt) Gehölz vernichten" (Deut. 20,19) u. dgl. mehr. Wer Augen hat zu sehen, wird erkennen, dass Gott nur beabsichtigt hat, durch solche und ähnliche Vorschriften sein Volk, das ihm nahe ist, die rechten Wege zu führen, damit sein Name allgemein geheiligt werde und alle, die sie sehen, anerkennen sollen (nach des Propheten Wort), dass sie von Gott gesegnete Kinder seien. Lehrt ja auch der Talmud, dass die Forderung des Psalmisten, die er an einen gottesfürchtigen Mann stellt „Sein Geld giebt er nicht auf Zins" (Psalm 15,5), auch die Mahnung einschliesse: Auch einem Heiden soll man nicht Geld auf Zinsen geben. Wäre es nun eine religiöse Pflicht, vom Nichtjuden Zinsen zu nehmen, so würde man ja nicht zu den lobenswerthesten Eigenschaften eines Juden rechnen, der dies nicht thue; man wird doch nicht Jemanden dafür noch preisen, dass er eine religiöse Pflicht verletze!

Chagis resumiert dann nochmals alle die von ihm vorgetragenen Gründe, um alle verleumderischen Angriffe der Gegner zu nichte zu machen.

Die angeführten Stellen aus den Schriften des Maimonides möchten wir hier noch mit einer Mahnung desselben ergänzen, die wir anderswo (vielleicht zum ersten Male)[1]) aus dem Dunkel ihrer Quellen an die Oeffentlichkeit geführt haben. Sie befindet sich nämlich im Commentar des Maimonides zur Mischnah im Tractat Kelim XII,7 und lautet nach der deutschen Ueber-

---

[1]) In der Schrift: Persönliche Beziehungen zwischen Christen und Juden im Mittelalter S. 27.

setzung: Das gewöhnliche Volk mag glauben, dass eine solche Irreführung (eine im eigentlichen Geldwerthe durch das Beschneiden der Ränder verringerte Münze auch nur im Hause zu behalten oder sie einem Nichtjuden zu geben) gestattet sei. Es ist dies eine ganz verderbliche Meinung. Hat ja Gott bei dem Verkaufe eines jüdischen Knechtes an einen Götzendiener ausdrücklich bestimmt (3. Buch Moses, c. 25 V. 50) „er rechne mit dem Käufer", wozu die Weisen (im Tractat Baba Kama Bl. 113) bemerken: Sollte er etwa in Bausch und Bogen berechnen dürfen? Es heisst aber, er berechne, d. h. genau sei die Berechnung. Wenn nun die Schrift dies einem Nichtjuden gegenüber angeordnet hat, der unter deiner Botmässigkeit steht, um wie viel mehr bei einem Nichtjuden, der dir nicht unterthan ist. So ist auch jede Art von Ränken und Betrügereien, in jeglicher Weise, selbst gegen einen Nichtjuden verboten, wie die Männer des Talmud bemerken (Cholin Bl. 94), man darf Niemanden, auch nicht einen Götzendiener irgendwie täuschen. Um wie viel mehr ist dies verboten, wenn es zur Entweihung des göttlichen Namens führen könnte; es ist dies die grösste Sünde, welche den Menschengeist schädigt und frevelhafte Sitten unter die Menschen bringt, die daher auch Gott besonders verabscheut, wie es in der Schrift (5. Buch Moses, c. 25 V 16.) heisst: Ein Greuel ist dem Ewigen, wer dieses thut, wer überhapt Unrecht begeht.—

Diese Erklärung des Maimonides stimmt auch mit den gesetzlichen Bestimmungen in seinem Gesetz-Codex, Mischne Tora, Abschnitt „Vom Diebstahl", Perek 7 Halacha 8.

Die oben S. 17 am Schlusse des zweiten Absatzes erwähnten Bestimmungen im 4. Teile des Tur, sind von Dr. Hoffmann in seiner vortrefflichen Schrift „Der Schulchan Aruch" (Berlin 1885) zugleich mit vielen anderen Auszügen aus verschiedenen Quellenschriften der rabbinischen Rechtslehre zur näheren Aufhellung des Verhältnisses der Juden zu Andersgläubigen in deutscher Uebersetzung mitgetheilt.

Die Mittheilungen aus Galatinus (oben S. 15) dürften ebenfalls von Mose Chagis herrühren, und zwar aus seiner Schrift לשׁ הפקה Bl. 54, wo es heisst:

„R. Immanuel Aboab bespricht in seinem Buche: Nomologia (gedruckt 1629) und zwar im ersten Teile, cap. 22 die Wichtigkeit der 13 Deutungsregeln u. s. w. und in zweiten Teile cap. 6 behandelt er die hohe Bedeutung des Talmud und bringt einen Beweis hiefür von einem alten christlichen Gelehrten, der sonst den Juden feindlich gesinnt war, nämlich von Petrus Galatinus. Derselbe lobt in seinem Buche de Arcanis catholicae veritatis den Talmud gar sehr und im siebenten Capitel drückt er den Wunsch aus, dass die Erlaubniss ertheilt werden möge, den Talmud in's Lateinische zu übersetzen, damit den Studenten im Lehrhause daraus vorgetragen werden könnte. Hierbei führt er eine Stelle aus dem Liber de Civitate Dei cap. 41

an, wo Augustin den Talmud sehr rühmt und behauptet, dass Nichts der Weisheit der Talmudlehre gleich käme. Auch Gaffarellus, der als Arzt und Professor an der Universität zu Monpellier sehr berühmt war, preist überall [1] die Weisheit des Talmud und bekämpft Alle, die ihn, besonders im hagadischen Teile, anzugreifen sich unterfangen".

[1] Nämlich in dem Werke Curiositates inanditae, welches Gaffarellus, der Bibliothekar des Cardinals Richelieu war und 1681 starb, seines Inhalts wegen widerrufen musste. — Vgl. noch oben die Citate S. 14

Berichtigung: S. 14 Z. 3 v. u. lies: „Egypten". S. 16 Z. 6. v. u. l. „Jirmejahu" S. 43 Z. 3 v. o. l. „erweist, dass".